児童虐待

親子という絆、親子という鎖

南部さおり 著

教育出版

目次

本書で紹介している事例は、いずれも仮名を用いている。

プロローグ
「子育て」とはなにか

近年、とみに「親子」というものについて考えさせられる事件が増えている。特に、壮年になった子どもによる、高齢の父母に対する暴力や世話の怠慢が目につくのである。

筆者が関わったある事件では、八〇歳を超えた認知症の母親が、同居する娘から、非常にささいなきっかけで日常的な暴行を受けていた。死亡の当日、この母親は、朝食時、娘から、パンに「マーガリンを塗った、塗らない」で殴る蹴《け》るの暴行を加えられ、さらに数時間後「勝手に洗濯物を干した」などとして顔を平手打ちされ、蹴飛ばされ、倒れたところをさらに傘で殴られるなどの、激しい暴行を受けていたのだった。

筆者は、清潔な家庭環境にあったとはとうてい思われない風貌《ふうぼう》の、痩《や》せて傷だらけのおばあさんのご遺体を前にして、「この人は、どんな思いで子育てをしてきたのだろう。娘が誕生したときには、喜んだのだろうか。幸せな家庭生活を、そして満ち足りた老後を、夢みていたのだろうか」などと、さまざまな考えがよぎり、胸が締めつけられる思いだった。

　この事案でもそうであったように、成人となった息子や娘が、働かず、結婚もせず、自宅から出ずに、老いた父や母の年金をあてにして無為徒食《むいとしょく》の生活を送り、あげくに日常的なストレスから、ささいなきっかけで父親を、あるいは母親を暴行死させたり、必要な栄養や保護を与えずに死亡させるような事件が、最近目立ってきているのである。

　こうした事件は、昔からよくある「子どもが、介護疲れのため、やむにやまれず老親を殺害した」などという事件とは明らかに異なっており、親に対する尊敬や愛情というものはおよそみえてこず、ただむき出しの憎悪のみによって突き動かされているという印象なのである。

　どこで、こうした親子関係の歯車が狂ってきてしまったのだろうか。

「虐待は世代間で連鎖する」とよくいわれる。虐待を受けて育った子どもは、やがて自らの子どもに対しても、自分が受けたものと同じ子育てを再現してしまうということだ。確かに子育てには、世代間で受け継がれる「技術」的な側面があることは否定できない。そして、いくつかの研究結果によれば、子どものころに虐待を受けて育った親がわが子を虐待する割合は、四割ほどにのぼることが示唆されている。

　しかし、これは逆にいえば、虐待を受けて育った親の六割は虐待の連鎖を断ち切っているということである。虐待を受けて育った親、特に母親は、自分の親の子育て方法を否定し、わが子にはけっして同じ思いをさせまいという固い決意のもとに、自らの子育てと向き合うことが少なくない。また、その子育てが成功するか否かは、さまざまな偶然の要素が複雑にからみ合いながら決定されていくものであって、必ずしもその人自身の虐待経験ばかりが原因となっているわけではない。

そして、むしろ最近問題となっているのは、親の育児方法に不満をつのらせながらも、自分の力で未来を切り開いていくという意欲に欠ける若者たちではないかと、筆者には思えてならない。

さらに、さまざまな内的・外的な要因によって社会的な参加の場面が狭められ、閉塞感が蔓延《まんえん》した現代日本においては、就労や就学などによってもたらされてきたはずの、自宅以外での生活の場を失ってしまっている人々が、増え続けている。このような状況下においては、失業や生活苦などの社会的ストレスをかかえた人々が家庭に閉じこもることを余儀なくされている。こうして、陰湿な児童虐待が増加するリスクが高まることと並行して、冒頭に触れた事件のように、親から受けた理不尽な思いが、そのまま親に向けられ得る時代となったという認識をも、あわせてもつ必要があるのではないだろうか。

子育ては、誰のため?

子育てとは、誰のために行うものなのだろう。家庭内で起きる、こうした痛ましい事件に触れるたびに、考えることである。

多くの人は、「子どものために決まっている」というだろう。また、「自分の成長のためでもある」とつけ加えるかもしれない。またある人は、「誰のためでもない。世の中は、そのようにできている」というかもしれない。

どの答えも、正しい気がするが、子育てとは、究極的には、「これまで、そしてこれから、その子に関わる(った)すべての人のため」に行うものではないかと、筆者は考えている。

人には、さまざまな価値観があり、人が幸せに生きるということにも、さまざまな形があるだろう。しかし、形は違っても、「人の本当の幸せ」や「満たされた人生」には、必ず「良い自己像」と「良い人間関係」という要素が必要とされるはずである。

個人は、一人一人が社会を構成する存在だ。そして私たちは、社会の構成員である以上、他者に依存しないで生きていくことはできない。そのため「自立」とは、ただ「他者に依存せず、自分の力で生活していくこと」ではなく、「社会の中で、自分がどのようにあるべきか」ということを、自分で確立する力と責任をもつことである。

生まれたばかりの子どもは、むきだしの欲求を「泣く」という原始的な手段を通じて突きつけることで、親からの世話を引き出す。そして、「泣く」という手段によって自分の欲求が適切に満たされるという経験が何百回、何千回と繰り返されることによって、安心感を抱いた子どもは、親に対する基本的な信頼感をもつことになる。やがて、泣く以外の行動、たとえば、笑ったり声を出したりすることに対し、親が心地良い反応を返してくれることで、子どもはのびのびとした感情表現を身につけてゆく。やがて子どもは、親から得られる反応が心地良いものばかりでないことを学び始め、自分の感情をコントロールすることで、親との心地良い信頼関係を守ろうと努力し始める。すなわち、自分も親から信頼されたいという欲求をもつようになるのである。そして子どもは、成長するにしたがって親以外の他者を信頼することを学び、他者との信頼関係を守るためにはどうすればいいかを学ぶことになる。そして、他者との適切な信頼関係を保つ自信をつけることが、ひいては自分に対する信頼感となっていくのである。

こうして子どもは、生活のあらゆる場面で、人との関わりを通して、自分も他者もかけがえのない存在であることを知り、多様な人との信頼を基盤とした共存が相互の豊かさに結びついてゆくということを、しだいに学んでいく。

子育ての目標とは、わが子が社会に出て、人の役に立ちながら、自分にますます自信をつけていけるだけの力を、身につけさせることである。このことは、「子育てとは、子別れの準備である」とも言い換えられるだろう。

人を大事にすることで、人からの信頼を得て、自分に自信をつける。自分には人からの愛情を素直に受けとる資格があり、自分も素直に人を愛する資格がある。こうした確固とした自己像をもつことができた人は、社会的な絆《きずな》を大切にし、社会のもつ規範や秩序を尊重することができるようになる。そして、このような人物は、自分だけでなく、関わりをもった人々を幸せにすることができるはずであり、幸せになった人々は、さらに周りの人々をも幸せにすることができるだろう。そのように考えてくると、自分がいま育てている子どもは、未来の社会から託された、大切な宝物だといえるのではないだろうか。

甘えとしつけ

しかし、こうした理念を理性では受け入れることができたとしても、多くの親たちは、赤ん坊との生活によって引き起こされる重圧や葛藤《かっとう》、ストレスを、ほぼ一身に背負っているのであって、「未来からの預かりもの」などという言葉は、日常生活の中では絵空事だと感じられるかもしれない。

幼い子どもは、親に対して欲しいものだけを、一方的に要求する。この時期、多くの親は、子どもの要求にすぐに応じることで、子どもの奴隷《どれい》になったような気分を味わい、同時に、子どもがこのまま暴君のように育ってしまったらどうしようと、漠然とした不安を抱きがちである。

しかし、少なくとも一歳児くらいまでは、「甘えさせすぎ」ということを考える必要はないだろう。泣くと抱き上げてもらい、あれこれ世話を焼いてくれ、あたたかい言葉をかけてもらうなど、親からただちに欲求が満たされることを日常的に経験した赤ちゃんは、多くの欲求が満たされないまま成長してきた赤ちゃんよりも、のびのびとした、育てやすい子どもに育つといわれる。先にも述べたように、生存のニーズを満たしてくれた人（主に母親）を信頼することから、人間関係の基礎ができるからだ。こうした人格発達の基盤として不可欠な安全と信頼の感覚は、一歳くらいまでに確立するとされ、「0歳児が身につけた不安定と不信の感覚は、なかなか消えない」とまでいわれるほど、とても重要な時期なのだ。

しつけが何歳くらいから始まるかは、子どもの発達度合によっても異なってくるが、医学書や育児書などでは、一歳半くらいから徐々に「親の要求を言葉で伝え、それを実行してもらうよう働きかける」という形でのしつけが始まるとされている。また、この時期から二〜三歳くらいにかけては、子どもは急激な脳の発達から、常に興奮状態となり、いらいらしたり反抗したり、激しく自己主張したりするようになってくる。この時期の子どもは、非常に自己中心的で頑固であり、しばしば親もいらいらしがちであるが、周りの世界に強烈な関心を示し、すばやく学習し、多くのものに影響を受けながら劇的な発達を遂げる、親にとってはわくわくするような成長の時期でもある。

それでも、親はこの時期には、子どもの全要求を無条件に受け入れるべきではなく、子どもの要求があまりにも理不尽であったり、子ども自身の安全や健康に悪影響を与える行動をしたりするような場合には、毅然《きぜん》として止める必要がある。こうしたとき親は、まずは子どもの興奮を鎮《しず》め、それから子どもの目を見て、冷静に叱《しか》るようにすべきである。

しかし、この「冷静に叱る」ということが、ことのほか難しいということを、親たちは経験的に知っているだろう。それでも、子どもの感情や行動を改めさせるために、親が自らの感情をぶつけることは、ほとんどの場合、逆効果となってしまう。このことについては、次章ならびに5章でじっくりとみてゆくこととし、最後に子どもの困った行動への対処法について考えていきたいと思う。

魂の殺人

スイスの心理学者アリス・ミラーは、ベストセラー『魂の殺人』（新曜社、二〇〇三年）で、大人（親）には、子どもに対して寛容であることを邪魔する、さまざまな制約や葛藤が存在している一方で、子どもの側ではまったく異なり、両親に対する寛容を邪魔するものはまったくない、とする。つまり、大人は、過去の経験や知識、育児書やマスメディア、周りからの忠告や噂話《うわさ》など、さまざまな情報に影響されながら子どもと向き合うことになるため、無条件に「子どもの個性を尊重する」「子どもに愛情を注ぐ」ということができにくいが、子どものほうは、まだ邪魔をする過去の経験や知識などが存在しないため、無条件に「親の愛情を信じる」ことになるので、親が意識的であれ無意識的であれ子どもにみせた残酷さは、子どもの親への愛の中では、まず間違いなく「見えないもの」として抑圧されるのだという。

激しい身体的虐待を受けた子どもが、施設に保護されても、なお親を恋しがり、求め続けるということは、よく知られている。親からの否定を受け入れることは、そのまま自分の存在を否定することに直結するため、親から拒否される子どもは、ますます「親は自分を愛してくれる、いい親だ」と自分を信じこませなければならなくなるのである。

そのため、虐待を受ける子どもは、親からいかなる理不尽な仕打ちを受けたとしても、それは「自分が悪い子だからだ」と信じこむことになる。そのため幼いころから、「親はいつでも正しい」「自分は無力だ」という考えを刷りこまれ続け、成長に応じた健全な感情を抑圧してしまうことになる。このようにして、自分自身の感情を親から理不尽に切りとられてしまった、つまり、親から不快な仕打ちを受けたときに「相応の反応」をすることが〝許されない〟体験を繰り返したことが、のちの精神疾患、薬物中毒、暴力や犯罪など、成長後のあらゆる問題を引き起こす源になっていると、ミラーは指摘するのである。

親による、幼いわが子へのこうした理不尽な抑圧が「暴力」という明確な形をとる場合であれば、他人がそれを「児童虐待」だと認識することは、比較的たやすい。しかし、実際の児童虐待対応の現場では、致死的であったり後遺障害を残すような場合を除けば、身体的なダメージよりも、むしろ、親の態度や言葉などから受ける精神的・心理的なダメージや、感情的な抑圧のほうが、はるかに深刻だと考えられている。

けがであれば、外からみてすぐにそれと分かるため、保護者や治療者は、どれだけの痛さなのか、それを治すためになにをすればいいのかを、比較的容易に知ることができるだろう。しかし、心理的・精神的なダメージは、加害者をはじめとする他者が認識することは困難であるばかりでなく、「子どものためになっている」と信じることすら可能である。しばしば、こうした親は、自分の子どもが「自分とは違う感情をもつ」ということを理解できず、ただ一方的にコントロールしてもかまわないものと考えているようである。そして、このような背景には、私たちの文化に根強く残っている「子どもは親に、ひいては大人に従順でなければならない」という価値観があり、それが「しつけ」という名に置き換えられることで、社会的に正当化されてきたというまぎれもない事実がある。

そこで、「児童虐待」という悲劇を防ぐためには、子どもを「しつける」ということと、肉体的・精神的に「痛めつける」「押さえつける」ということはまったく違うことだということを、社会の構成員である私たち一人一人が理解する必要がある。このことは、次章で詳しく述べたい。

自分の人生は自分のもの、子どもの人生は子どものもの

「子どもは、未来の社会から託された、大切な宝物である」と述べた。これは、言い方を変えれば、「子育ては自分のためにするのではなく、子どもの未来のためにするものだ」ということである。子どもを必要以上に叱ったり、力ずくでもしつけようとする親は、「子どもを自分の思い通りにする」という考えにとらわれていることが少なくない。しかし、これは「子どもの人生は自分のものだ」という誤った考え方に基づくものである。

もし、あなた自身が、親から、「お前の人生は私のものだ」といわれたとしたら、どう感じるだろうか？　自分らしく生きる権利や、自由な考え方をいっさい否定されたような息苦しさを感じないだろうか？　そして、親が子どもに対してこのように考えることによって、多くの場合、親自身も息苦しさを感じることになるのだ。「子どもが、自分の思い描く子どものあり方とは異なる」というプレッシャーや焦りは、かなりの重圧となってのしかかってくるだろう。

そこで、「子どもの人生は、子どものものだ」と、考えを切り替えることができれば、子どもを自分の考えの型に押しこめたり、親子ともに窮屈な思いをすることから、解放されるはずだ。このように考えることによって、〝押しつける子育て〟から、「この子のやり方を尊重しよう」という、〝見守る子育て〟へとシフトすることができるだろう。

そもそも、人間がしっかりした自己意識を発達させるためには、自ら選択し、その選択がどうであったのかを、結果から学ぶことが必要である。暴力や圧力などによって従うことしか教えられなかった子どもは、自分の志向や望みを知ることができず、自らの選択ができなくなってしまい、やがて成長しても、すべての選択を親の気分や意向に頼り続けることになる。

可もなく不可もない凡庸な人生であっても、山あり谷ありの波乱万丈の人生であっても、その人にとってそれが「自分が選んだ人生だ」と確信できるのであれば、上からの押しつけや外部のプレッシャーによって与えられた人生を生きることよりもずっと幸せかもしれないし、少なくとも「自分の人生を生きている」と納得することはできるだろう。そうしたときに、「親から信頼されている」という気持ちがあれば、より生きやすくなるばかりか、その信頼に報いようと努力することや、自分の選択によってより良い人生を切り開いていくための、確かな原動力となるはずである。

そしてもちろん、子どもの人生は子どものものであるということは、親である自分の人生も自分のものだということでもある。理想的な子ども像、理想的な親像というものは存在しない。百人いれば、百通りの人生があり、その人生のどれが間違っていて、どれが正しいかは、神様でなければ分からないのだ。

「子どもにとって良い親とは、どのような親なのでしょう?」と質問されたある医師は、「ときどきは間違いをしてしまうふつうの親が、良い親です」と答えたという。これは、至言であると筆者は思う。「お父さん／お母さんはいつも間違っていない」というプレッシャーは、子どものみならず、親をも追いつめていくからだ。

「虐待」という誤った親子関係に追いつめられる親は、子育てに際してのこうした「心の余裕」を見失ってしまっていることが非常に多い。そのため、親自身のみならず、親の周囲の人々が「子育てにそんなに追いつめられる必要はないよ」、または「子どもには、子どもの世界があるんだから」という気持ちをもつことが、とても大切だといえる。

本書で扱う個々の事例は、いずれもとても悲惨なものであり、思わず目をそむけてしまいたくなるかもしれない。それでも、私たちがこうした現実としっかりと向き合い、子どもの受けた苦痛や、その背景となっている現代の子育て環境の複雑さや苛酷《かこく》さについての想像力を共有することで、いずれ突破口を見出すことができるのではないだろうか。

私たち一人一人が、「児童虐待」という問題は、けっして無関係の世界の出来事ではないということを理解しておくことが、子どもたちの未来を守るための第一歩となるはずである。

1章 児童虐待とは

表　児童虐待防止法による虐待の定義

身体的虐待	児童の身体に外傷が生じ、又は生じるおそれのある暴行を加えること。
性的虐待	児童にわいせつな行為をすることやさせること。
ネグレクト	児童の心身の正常な発達を妨げるような著しい減食又は長時間の放置、その他保護者としての監護を著しく怠ること。
心理的虐待	児童に対する著しい暴言又は著しく拒絶的な対応、同居家族に対する暴力。その他児童に著しい心理的外傷を与える言動。

しつけと虐待の境目

『児童虐待の防止等に関する法律』（いわゆる児童虐待防止法）は、その第二条で、児童虐待を類型ごとに定義づけている（表参照）。

これらは、虐待となる「行為」を列挙しており、そこでは「親の意図」はいっさい問われていないということが分かるだろう。虐待とは、子どもの正常な成長を妨げるような有害な行為全般を指しているのであって、親が子どもに対して悪意をもっている場合はいうまでもなく、

「しつけのため」と信じて疑わないような場合であっても、そうした行為を行ったのであれば、それは「虐待」だとみなされるということである。

しかし、私たちが日常的に抱く疑問は、たとえば子どもの我慢ならない言動を受けて、思わず子どもの頬《ほお》を打ってしまったような場合や、どなりつけて泣かせてしまったような場合に、それが「虐待」となるのか、「しつけ」として許容されるのかどうかということではないだろうか。こうした疑問に答えるためには、先ほどの児童虐待防止法の定義はほとんど役に立たない。

実際、「児童虐待」というものを明確に定義することは、とても難しい。私たちの社会では、子どもの社会化は親の責任であるとして、しつけは子育ての一環とみなされている。そのため、社会が要求する子どもの発育状況の標準からわが子が外れた場合、親は世間から「自分の子どもも満足にしつけられない親」としてみられてしまうのではないかと考え、焦りを感じるかもしれない。「この子の年齢であれば、できて当たり前のことができない」となれば、親は、子どもの発育が遅れているのではないか、もしかして、なんらかの障害をもっているのではないか、などと、不安でいっぱいになる。そして、そうした不安を打ち消すために、「この子は、できるのに甘えている。親が毅然とした態度を示さなければ、きちんとやらないのだ」と思いつめてしまうことも少なくない。

「他の子と同じように」

ここで、あるケースを紹介しよう。

専業主婦のＹ子は、未熟児で生まれた長女のＫちゃんのことがかわいくて仕方がなく、夫も育児に非常に協力的で、申し分のない幸せな家庭生活を送っていた。しかし、Ｋちゃんは食が細い子で、四歳になったＫちゃんと外出すると、「本当に四歳？　小さいわね！」などと周囲から驚かれることがしばしばであった。料理が得意なＹ子は、少しでもＫちゃんが食べてくれるよう、できるだけ食材を細かくしたり、味つけに工夫をしたりしていたが、なかなか効果はなかった。

検診や予防接種の際には、医師や看護師に「食が細くて食べてくれないんです」と相談したものの、「お母さん、気にしすぎです。こんなに元気なのだから、そのうち大きくなります」などといわれるばかりで、解決策のようなものを示してはもらえなかった。そのためＹ子は、しだいにＫちゃんと同年代の子どもの前にＫちゃんを連れて行くのが苦痛になり、家に引きこもりがちとなった。そして、定期健診の直前には、無理をしてでもたくさん食べさせたり水を飲ませたりして、少しでもＫちゃんの体重を増やそうとした。

このエピソードを読んで、どのように感じられただろうか？　Ｙ子が「良い母親でありたい」

と懸命にがんばっている様子がみてとれるのではないだろうか。しかし、定期健診の直前に無理やり食べさせるようにしたことからも、そこでのY子の心配は、Kちゃんの健康状態ではなく、「他の子と同じように」ということに向けられていることが分かるだろう。

Y子の焦りは、親であれば理解できるところではある。子どもが十分に食事をとれない状態というのは、他人からは、親の責任、つまり育児の怠慢であるとみられがちなのである。子どもが自発的に食べないのであっても、あえて十分な食事を与えない虐待であっても、同じように子どもの発育は遅れてしまう。Y子が「一生懸命やっているのに、どうして」と焦るのも無理はない。

ところで、子どもに十分な食事を与えない〝ネグレクト親〟（→4章で詳述）であっても、検診の直前には子どもに無理やり食べさせることが多いことが知られている。そのため、前回の検診で低体重が指摘され、医療関係者の注意を引いていたとしても、今回の検診で急激な体重増加があり、親からニコニコと「最近はよく食べるようになりました」などと報告されれば、虐待の疑いは引っこめられざるを得ないのである。

このようにみてくると、Y子もネグレクトの親も「虐待されていると思われたくない」という共通の動機で、子どもへの不適切な行動をとっていることがよく分かるだろう。これは、「きちんと食べるように」というしつけだとはとうてい評価できないのである。

しつけとは

しつけとは、子どもが成長するにつれて身につけなければならない習慣や礼儀作法などを、親やそれに代わる大人が、身につけさせることである。

他方で虐待の本質は、「子どもに自分の感情を押しつけること」だといえるだろう。

そして、この基準からすると、「子どもにきちんと理解させる」ために子どもに強制することと、「子どもが自分の意に沿わない」ことに怒り、いら立ちながら強制することとは別のものであり、たとえそれが外形的には同じ行為としてあらわれたとしても、程度の差こそあれ、前者はしつけ、後者は虐待、あるいは不適切なしつけと評価されることになるだろう。すなわち、「しつけ」は、子どものニーズのために自分の行動をコントロールしながら行う「理性的／利他的な行為」であるのに対して、「虐待」は、子どものニーズよりも自分のニーズを優先した「感情的／利己的な行為」だといえる。

行動が理性によってコントロールされているのであれば、どんどんエスカレートし、やがて歯止めがきかなくなるという、児童虐待に特有の心理状態に陥ることもないはずである。そのため、子どもがいうことをきかず、「かっとなって」手を上げることは、虐待に分類されることになる。しかし、そうだとすれば、「すべての親が虐待をしていることになるのではないか」と批判されそうである。そこで、「しつけ」と「虐待」について、もう少し丁寧に考えてみたいと思う。

「泣かせない子育て」

子どもは、自分の欲求が満たされないとき、強い不快感を覚え、その不当さに猛然と抗議する。赤ちゃんや小さな子どもであれば、泣き叫び、金切り声を上げ、全身全霊をかけて親に対抗することで、どうにか自分の意に従わせようと必死になる。多くの親は、こうしたわが子の態度に辟易《へきえき》し、いらいらしたり憎しみさえ覚えることになる。

しかし、このときの子どもは、親が憎くてこうした行為をしているのでは、けっしてない。子どもは、目の前の親や他の大人の前では、自分があまりにも無力な存在であり、彼らに見捨てられると生きていけないということを、本能的に知っている。そのため、大人たちからなんらかの否定的なメッセージを受けとったとき、それがどんなにささいなものであれ、子どもにとってはかなりの危機として意識されるのである。そして、赤ちゃんのこうした切実な「泣き」は、自らの存在感を外部に受けとめてもらうための、とても健全な状態でもある。

しかし、しばしば大人は、子どもが必死で自己主張をする姿に、とても心をかき乱される。これは、かつて自分が経験した不安で不快な感覚を呼び起こされるためだとも考えられる。

「癒《いや》しの子育てネットワーク」代表の阿部秀雄氏は、『子どもの「泣く理由」がわかる本』（リヨン社、二〇〇五年）の中で、親がわが子の泣き声に、どうしても辛《つら》くなってしまうという心理を、自らが受けた「泣かせない子育て」を無意識のうちに引き継いでいるためだと説明する。それによると、この「泣かせない子育て」とは、戦時中の「泣いたら負け、歯を食いしばってがんばれ」という時代に端を発しており、さらに、このような気運は戦後、個人の競争が激化した高度成長期以降となってもなお、依然として残り続けたようだ。そして、「泣いてはいられない」大人の暮らしが定着するにつれ、やがてそれが子育てにも反映するようになってきた。そのため、かつて泣きたい気分を我慢してきた子どもが大人になり、親となってわが子の泣き声をきくことになると、心ゆくまで泣けなかった心の古傷が痛み出し、いても立ってもいられなくなるのだという。こうしたことから、私たちの社会においては、いまだ「泣かせないように」という子育て文化が脈々と受け継がれてきているとされるのである。

この示唆には、思い当たる方々も多いのではないだろうか。たとえば交通機関などの公共の場所で、子どもが大声で泣き出した際、周囲の人々が親を責めるような視線を送ったり、うるさそうに眉《まゆ》をひそめる場面などがそれである。そうした場面で親は、必死に子どもを泣きやませようとしたり、いたたまれなくなってその場から子どもを連れ出さざるを得なくなる。

親子がこうした経験を繰り返すことで、親は子どもに「泣くこと」を禁じるメッセージを与え続けることになり、子どもは自分の感情を抑圧せざるを得なくなる。このように、子どもが泣くことは健全な成長のため不可欠であるということや、身の細る思いで子どもを連れている親の気持ちにこそ周囲が配慮すべきだと思われる場面が、少なからず見受けられる。この問題については、5章でさらに詳しく述べることとする。

「泣くこと」の三つの意味

前述の阿部氏によれば、「泣くこと」には三つの大切な意味があるという。その一つめは、言葉の代わりに自分の欲求を伝達する、つまり、欲求をかなえてもらえるよう相手の気持ちを揺さぶる、という意味であり、コミュニケーションの基礎となるものである。そして二つめは、不快な思いによって傷ついた心を癒すために、感情的なストレスを解放する、という意味である。とりわけ、この二つめの意味は、あまり意識されることがなかったように思う。しかし、大人であっても、「泣いたらスッキリした」という経験があるはずであり、感情ストレスを解き放つ「泣き」には快感を伴うということは、理解できるのではないだろうか。そして、こうした快感が子どもの「甘え泣き」の大きな動機づけになっているのであって、親に自分の欲求や感情を素直に伝え、応えてもらえることを通じて、子どもは心地良い安心感や信頼感を得ているのである。

また、「泣く」ということは、「感じる」ということであり、豊かな感情表現の基盤となるものである。そのため、「泣くこと」を禁じるということは、「感じること」を禁じることにつながり、やがては生きる喜びや意欲の基礎となる「感じる力」が育たなくなってしまう可能性もあるという。

泣くことの三つめの意味は、感情表出を親から受けとめてもらい、「よしよし」となだめられる経験を通じて、子どもは徐々に、自分の意に沿わない事態に納得することができるようになり、やがては「未練を断ち切る力」を身につけることになるというものだ。「泣く」というストレス発散によって、「ききわけ」を学ぶのである。

こうしたことは、大人でも経験することである。たとえば、失恋や死別などの辛い経験をかかえて苦しんでいた人が、あるとき、身近な人の胸で思いきり泣き、辛い感情を受けとめてもらえたことがきっかけとなり、すっきりと新たな一歩を踏み出せるようになるということは、多くの文学作品やドラマなどでもおなじみの光景である。

そして、ことに子どもの場合には、こうした感情ストレスの発散がうまくできず、泣きたい気持ちを溜《た》めこんでしまうことによって、やがては無理難題の自己主張が激しくなり、親にとって育てにくい子どもとなる可能性があるのだと、阿部氏は指摘している。

子どもの「ききわけ」

親がこうした「子どもの泣き」を理解せず、ただ「泣かせてはならない」という観念にとらわれるあまり、子どものいいなりになってしまえば、いずれ「ききわけに困る」ことになってしまう可能性もある。子どもが「泣けば大人を困らせられる＝コントロールできる」ということを学習することで、ことあるごとに泣いてダダをこねるようになるかもしれない。こうした場合、親は心を鬼にして、泣いているわが子を突き放したり、叱りつけざるを得なくなるだろう。しかし、子どもは、「泣く」という行為が必ず親を動かすと確信しているため、親の拒絶に接すると、さらに闘争心を燃やし、もっと強烈な「泣き」あるいは「ダダこね」という形で、猛然と対抗することになる。そして、親がたまらず根負けしてしまったような場合には、子どもはさらに「もっと泣いてダダをこねれば、親に勝って自分の要求を通すことができる」という確信を強めることになるのである。

こうした思考回路が子どもに根づいてしまった場合には、親が「子どもになめられてはならない」とばかりに実力行使で教えこもうとしても、悪循環に陥ってしまうだろう。しかし、この瞬間にも、そして、これからの人生にかけても、子どもが真に必要としているのは、親に勝利したという実感ではなく、親からの確かな愛情と安心感を得ているという実感である。そして、十分に「愛されている」「認められている」という安心感をもつことができた子どもは、あえて親を困らせたり、怒らせたりしようとは思わなくなるものである。

そのため、「ききわけのある子どもに育てる」ということは、しつけ以前に始まる、親への愛着のいかんに関わっているものといえよう。「親のいうことをききわける」という能力は、まずは「自分の言葉をききわけてもらえる」という安心感を得なければ育たない。泣きを含め、自分の感情の表現を、きちんと親が受けとめてくれる、耳を傾け、共感してくれるという経験から、「人の言葉をきく」ということを学ぶことができるのである。

親は、良くも悪くも子どもの「お手本」となる。親が子どもに正しい手本を示していなければ、子どもは学ぶ機会を得ないまま成長することになる。

子どもは、親の言葉や態度の矛盾にとても敏感である。こうした矛盾は、子どもの記憶にはよく蓄積されていて、親から注意されたときに「だって、お父さん／お母さんだって……」という、感情的な反発としてあらわれる。そして、そうした感情的な反発を適切に言語化する能力のない子どもであればなおのこと、注意を受けた際には、ただ不満そうな態度としてあらわれがちである。そこで繰り広げられる親子の感情的な行き違いは、さらなる親への感情的な不満となって、子どもの心にどんどん蓄積されていく。そして、そうした不満が省みられることなく、親の都合によって力づくでコントロールされるという経験のみが重ねられたとすれば、子どもにはただ理不尽な思いしか残らず、親を好きでいることや、信頼することを、やがてあきらめてしまうことにもなりかねない。これは、親子にとってとても不幸なことだ。

しつけのためのルール

しつけとは、愛情と安心とが保障された上で、「良いことと悪いこと」という正しい価値観を、信頼できる大人からのメッセージとして子どもが受けとることによって、ようやく成功するものだ。それはもちろん、単純な営みではない。そのために親は、子どもへの愛情と信頼とを、日常的に表現し続けなければならない。そしてそこでは、親は子どもの個性やたくましさを尊重し、励ましつつも、「きちんと親のいうことに耳を傾けること」「親の意見を尊重すること」「不満があれば、きちんと言葉にして話し合うこと」など、親子の間での明確なルールを作っておくべきである。

そこで必要なことは、親も人間であって、子どもと同じようにネガティブな感情をもっていることや、親にとってもネガティブな感情は不快で、なるべく避けたいと考えているということを、きちんとわが子に理解させることである。その上で、親子の信頼関係構築のためには、子どもにも協力してもらう必要があることを、正しく伝えるようにしたい。そうして、子どもがそれに協力してくれたときには、惜しみなくほめてあげ、感謝の気持ちを伝えるべきであり、もし子どもが間違ったとしても、必ずとり返しがつくということを、しっかりと学ばせることが重要である。

こうした相互作用を繰り返しながら、子どもの健全な反発心と親の要求とをすり合わせ、両者が妥協しながらバランスをとっていくことが、子どもの正常な発育の近道となるはずである。すなわち、しつけとは、信頼関係を土台として、親子が絶え間ない交渉と調整とを繰り返していくことで成立する、複雑な営みなのであって、けっして親の一方的な行為ではないのだ。

虐待となるしつけ

さて、子どもがいうことをきかず、「かっとなって」手を上げることは、虐待とみなされ得るということを、先に述べた。しかし、およそ親として真剣に子どもと向き合っている以上、どの親も、そうした経験を少なからずもっているものと思われる。

感情にまかせて子どもに手を上げることは、深刻な虐待につながり得る行為だといわざるを得ない。しかし、だからといって、その親の行為が子どもにとって有害な、とり返しのつかない虐待行為にほかならないということではない。

親が子どもをたたくとき、それが理性的な行為なのか感情的な行為なのかは、他者からは分からないことが多い。そして、当の親にしても、そうした行為の瞬間に、いくら感情が高ぶっていたとしても、「子どものためだ」という思いがまったくないわけではないだろう。そうすると、どこからが理性なのか感情なのか、分からなくなってしまうのではないだろうか。たとえば、子どもが食事中にふざけていてコップの水をテーブルにこぼした場合には、親は子どもに対して「食事中に遊んじゃダメ」と毅然とたしなめ、さっと拭《ふ》きとってすむかもしれない。しかし、一生懸命手をかけて作った料理が手つかずのまま引っくり返された場合、あるいは、お気に入りの食器が割れてしまった場合、買ったばかりのカーペットの上に味噌汁をぶちまけられた場合など、子どもの側からすれば同じ不注意であっても、親の叱責《しっせき》の内容や度合は、大きく異なってしまう可能性が高いだろう。

そのため、親がいくら「子どものため」と思ったとしても、いま自分がとっさに行った行為が、子どもの粗相《そそう》や無作法《ぶさほう》を改めさせるための手段として適切なものであったか、そして、そのメッセージがきちんと子どもに伝わったのかどうかを、きちんと検討する必要がある。

多くの親は、「しつけのため」といいながらも、わが子をたたいてしまった後、なにかしらの罪悪感を覚えるようだ。子どものささいな行動にかっとなって叱り飛ばしたりたたいたりしたことは鮮明に覚えていても、それがあまりにささいなものであったために、なにがきっかけだったのか思い出せないということも、よくあるようである。そのため、子どもをたたいたときには、できるだけ早く、自分の行為をふり返るという習慣をつけることが大切かもしれない。

またその際、いくら親が「しつけのため」という大義名分をふりかざしたとしても、それが「あなたのためであって、あなたが憎くてやったのではない」ということがまったく子どもに伝わっていなければ、子どもが行動を改めることは、まず期待できないものといえそうだ。

「謝る」ということ

なお、子どもがとうてい理解できないほどに、親が激しい感情をぶつけ、罵声《ばせい》や度を超えた暴行を加えてしまった場合には、「お母さんも悪かった。ごめんね」と、子どもにきちんと謝ることが必要であり、きちんと謝り、受け入れられることで、親も子も暴力という痛みから解放されることになる。これも、体罰がいきすぎてしまうことを防ぐためのとっておきの秘策である。

親からひどい虐待を受け、大きな心の傷を負って施設に収容された（かつての）子どもであっても、その多くは、いずれまた「親に会いたい」と思うようになるという。そして、そうした気持ちになった彼らにかなり共通しているのは、親に「ただ一言、謝って欲しいだけ」という願いである。謝罪を受け入れる準備があるということは、子どもたちはすでに、親を許すための心の準備ができているということである。自分が受けた心の傷を、「許す」ということを通じて、癒そうしているのかもしれない。

特に数世代前の親であれば、「親は常に正しい」「親は間違いを認めてはならない」という考えにとらわれていることが多かった。親の権威や威厳というものを「自分のメンツ」という問題に置き換え、子どもに対して誤りを認めないことによって、そうしたものが保てるものと信じていたのである。しかし実際には、子どもは誤りを認めた親を見下したり、その権威や尊敬を感じなくなるということは、けっしてない。むしろ、間違いを間違いと認めない親の態度こそ、子どもの目には卑怯《ひきょう》なことで、見下げるべき態度であると映るのだ。

こうした親が、子どもの間違いを指摘し、誤りを認めさせようとしても、子どもは親の矛盾に反発心を覚えるだけである。子どもは、親の間違いや矛盾にはっきりと気づいており、親がそれを覆い隠そうとすればするほど、子どもは不信感をつのらせることになる。

親が、間違っていたことを間違っていたと認め、きちんと謝罪することは、親子の信頼関係の構築のために、非常に重要なことである。そして、親が子どもに謝ることによって、「あなたが感じた気持ちは正しい」というメッセージを伝えることができ、子どもに「間違いを指摘する勇気」を与えることになるだろう。また、相手の誤りを許すということは、他人に共感し、他人を尊重するということでもある。さらに、「間違っても、とり返しはつく」ということや、「間違いを認め、責任をとる」ということを学んだ子どもは、やがて社会に出たときに、他者から信頼される人物となっていくはずである。

経験と記憶

小さな子どもには、自分の感情を感じ、生き生きと表現できる環境がなによりも必要である。自由な感情表現を身につけた子どもは、積極的に人と関わりたいという気持ちになり、さらに表現力やコミュニケーション能力を洗練させていく。

しかし、虐待的な環境にいる子どもたちは、親から感情を押しつぶされ、自由な表現を許されないために、やがて感情を麻痺《まひ》させ、無表情で無気力、無感動という状態になっていく。そして、そうした子どもたちは、やがて他者に対する関心をもつことができなくなり、自分の感情をうまく表現できないために周囲の人々とトラブルを起こしたり、いらいらしてキレやすい傾向をもつと指摘されている。

幼いころより、他者から共感された経験が乏しい子どもにとって、他者への共感をもつということはとても難しい。自ら共感されてはじめて、他者への共感が芽生え、やがては人の気持ちをおしはかり、尊重することができるようになるのである。このように考えると、子どもへの要求が〝しつけ〟として許容されるためには、まずは親が子どもの気持ちを尊重し、共感し、安心感を与えることが、大きな出発点となることが分かってくるだろう。他者に共感できず、感情の表現方法も分からない子どもは、自ら判断し、行動を修正していくために必要な〝主体性〟という素地《そじ》ができていない。最低限の主体性も育っていない子どもに、〝しつけ〟という働きかけを行い、行動を改めさせることは、まず不可能である。そのため、親が、子どもへの力の行使をいくら「〝しつけ〟である」といいつのったとしても、子どもにとってはただの〝おしつけ〟でしかない。

子どもが親からどなられたり、たたかれたりしたときに覚えた理不尽な思いは、成長してもなかなか消えることはない。しかし、そこで自分の受けた仕打ちをただ「理不尽だ」と受けとるのか、「自分のためになることだ」と受けとるのかは、ひとえに子どもの共感力、主体性にかかっている。たとえ客観的には暴力であったとしても、その行為の意味を、子どもがしっかりと理解し、納得できるのであれば、それは適切な「親のしつけ」として許容されることになるだろう。

再度強調するが、虐待とは、親が自分の感情を押しつけ、子どもを一方的にコントロールすることである。こうした子育てを受けた子どもは、主体性が踏みにじられ、生きる力やのびのびとした子どもらしさが奪い去られてしまう。そのため、「しつけ」という強制が、こうした意味合いを帯びるのであれば、親がいくら「子どものために必要なことだ」、あるいは「親として正しいことをしている」と確信していたとしても、それは間違いなく、虐待だとみなされることになるのである。

次の章からは、明確な児童虐待について、その類型別にみていきたいと思う。

2章 子どもへの身体的虐待

身体的虐待とは

「児童虐待防止法」第二条は、身体的虐待について「児童の身体に外傷が生じ、又は生じるおそれのある暴行を加えること」と定義している。そして同法は、第六条に、児童虐待を受けたと思われる児童を発見した者は、速やかに（自ら、あるいは児童委員を介して）、市町村、都道府県の設置する福祉事務所もしくは児童相談所に通告しなければならない、と規定している。

親による子どもの「身体的虐待」が実際に行われている場面が他人に目撃されるということは、ほとんどない。ほとんどの虐待は、家庭という密室の中で、ひそかに行われているからだ。そのため、実際に身体的虐待が発見されるのは、子どもの泣き叫ぶ声や、大人のどなり声、身体をたたくような音などが頻繁にきかれたために、近隣住民が「気になる子ども」として関係機関に相談・通告したという場合や、医師や教師、保育士など、子どもの状態をつぶさにみる機会のある職業の人が、不自然なあざなど、虐待がうかがわれる徴候に気づいた場合などに限られてしまうため、早期の介入が非常に難しい。

1章では、いくら親が「しつけのため」という大義名分をかざしたとしても、「あなたのためであって、あなたが憎くてやったのではない」ということがまったく子どもに伝わっていなければ、子どもが行動を改めることはないと考えるべきだと述べてきた。せっかんによる苦痛や、怒声による不安や恐怖などを子どもに与え、その結果、子どもが泣き叫び、パニック状態になってもなんらのケアもフォローもしないという親の育児態度は、子どもの情緒の発達上、好ましいものとはいいがたい。

しかし、確かに、虐待がない場合でも、泣いたり金切り声を上げたりする、感受性の強い子どもはいる。そのため、近所の家から子どもの火のついたような泣き声がきこえてきたとしても、他人がすぐにそれが虐待であるか否かを判断することは、困難であろう。

「子どもは泣くものだ」という社会通念は、多くの場合は正しいものである。しかし他方で、子どもの泣き声よりもさらに大声を上げたり、大きな音を立てたりする方法で、子どもの感情を抑圧しようとする多くの親は、ほとんどが子どもの問題に冷静に対応できる状態ではないということも、事実である。

三歳以下の子どもへの体罰

何度いってもいうことをきかない、危険なことをしようとする、親をなめきったような態度をとる……。子どものこうした反抗的な態度に接すると、つい理性を失ってしまうということは、十分に理解できるところではある。しかし、親がいくら「この子の将来のため」という親心で行った実力行使であっても、対する子どもにとっては、親のいらいらしたネガティブな気持ちをぶつけられているだけとしか受けとれない場合が、ほとんどである。

アメリカ在住の三歳児をもつ母親を対象としてアンケートを実施し、さらにその子どもが五歳になったときに再びアンケートを実施した結果を分析した、大規模な調査研究がある。二〇一〇年の『PEDIATRICS』（アメリカ小児科学雑誌）に報告されたその研究結果によれば、母親が三歳の子どものしつけに体罰を用いる頻度が高いほど、その子どもが五歳になったときに攻撃性などの問題行動を起こす割合が高くなるということであった。この知見は、幼い子どもが直接攻撃的に扱われることによって攻撃性を学ぶという、「暴力のサイクル」のリスクを浮き彫りにしている。

三歳前後の子どもの多くは、自分の要求が正当なものだと信じているために、それに応えない親の態度は不当なものだと考え、猛然と抗議し、親の暴力を誘発しがちである。そして、たたいてもいうことをきかない子どもを前に、親はさらなる屈辱感と「このままではこの子がどんどん悪くなってしまう」という焦りを感じることとなり、いつしか暴力がエスカレートしてしまう。こうした、身体的な攻撃を伴う「しつけ」が、子どものさらなる問題行動につながり、激しさを増した「しつけ」はいずれ「身体的虐待」となり、やがて「暴力の連鎖」を引き起こし得るのである。

怒りは「二次感情」

ところで、子どもを「叱る」ということは「怒る」ということとは違う。そして、子どもに対する衝動的な身体的虐待では、親が怒りの感情に支配されていることがとても多い。

「怒る」という感情は、心理学では「二次感情」と呼ばれている。「二次」という言葉からも分かるように、怒るという感情の前に、怒りとは別の「一次感情」が隠されているのである。一次感情は、不安、おそれ、恥、失望、寂しさやくやしさなど、直面するには生々しすぎる、自分にとってとても辛い感情である。これらの一次的な感情には、自分の存在価値が否定されたかのような著しい苦痛が伴うため、私たちは「怒り」という二次的な感情をもち出すことで、こうした苦痛から身を守ろうとするものと考えられている。

たとえば、配偶者や恋人などのパートナーが自分の思ったような行動をとってくれず、怒りを覚えた場合を想像して欲しい。そうした場合には、あなたはそのパートナーの不誠実さを責め、威嚇《いかく》して、謝罪や罪悪感を引き出そうとするだろう。しかし、パートナーの謝罪や罪悪感が、単にあなたの「怒り」という二次的な感情のみに向けられているのであれば、あなたの一次的な感情――自分のことが尊重されていないという不安感や不満、悲しみ――はけっして満たされることはない。それが分かっている人は、ただやみくもにパートナーに怒りをぶつけるのではなく、自分がどうして怒っているのか、自分がどれだけ悲しい思いをしたのかを、きちんと伝えようとするだろう。そしてパートナーとしても、「心配したんだから」「すごく悲しかったんだから」などのストレートな感情、すなわち一次感情が伝えられたとすれば、あなたの気持ちを理解することができ、そのため心から反省して真摯《しんし》に謝ることができるだろう。

しかし、こうした一次感情が隠されたままで、ただ一方的に腹を立てられているだけであれば、相手にどう対応していいのか分からないばかりか、自分に対する不当な攻撃としか受けとれなくなってくる。そして、相手の理不尽な二次感情という攻撃にさらされた場合、パートナーにも「不快感」という一次感情が生まれ、それが二次感情としての怒りや無視、冷淡さなど、相手へのマイナスの態度を引き出してしまいがちである。

このように、大人同士であっても、一次感情が理解されない場合には、マイナスの二次感情のみがどんどん増幅され、やがて修復不可能なほどに、相手に対する悪感情がエスカレートしてしまうということが往々にして起こる。ましてや相手が子どもであれば、大人のむき出しの二次感情をきちんと受けとる能力はまだそなわっていないのだ。怒られている理由が分からず、ただ怒られるという経験を繰り返した子どもは、一時的にはおとなしくするかもしれないが、親の「あなたが心配なの」という一次感情を想像すらできないために、何度も一次感情を逆なでする行動を繰り返すことになりかねない。

再度強調するが、子どもを「しつける」あるいは「叱る」という行為は、怒りとは共存しない。だから、子どもをおびえさせるようなしつけは、子どもにとっては理不尽な暴力でしかないのだ。

身体的虐待の心理

「子どもの行動が許せない」——。こうした感情にまかせて子どもに暴力をふるった親は、冷静に自らの一次感情——なぜ許せなかったのか——にきちんと向き合うことができれば、「自分の感情の押しつけだった」「不適切な行動だった」と気づくことができるはずである。

しかし、子どもに激しいせっかんを加える親は、自分で自分の感情がコントロールできない状態になっていることがほとんどであり、冷静になったときには、どうしてそこまでの行為におよんでしまったのか、自分でも分からないということになる。自分の激しい感情にただ驚き、恐くなってしまい、そもそもの発端であった一次感情にまで、意識が届かなくなるのである。そして人は、「自分が分からない」という状態が不安で仕方がない。そのため、そうした心理を「しつけのためだった」など、社会に通用する便利な言葉に置き換えることで、同時に自分を納得させがちである。

しかし、こうした親にあっても、子どもが頭部に傷害を受けたり、骨折したり、重大なやけどを負ったりしたような場合には、「しつけのため」「子どもが悪い」などといい逃れることはできないと悟る。そのためそうした親は、自分の感情と行動がコントロールできなかった事態に混乱しながら、暴力の存在自体を否認することが少なくない。重大なけがを負った子どもを病院に連れて行っておいて、医師に対して「なにがあったのかまったく分からない」とか、「自分で転んだのではないか」などとあいまいなことを述べるのみで、子どものけがに対する自らの関与をいっさい否認するようなケースも多くみられる。

親が子どもをせっかんし、その結果子どもが負った傷について不合理な言い訳をするという事態は、けっして現代に特徴的な現象ではなく、医学領域ではかなり以前から注目されてきていた。

被虐待児の発見

最初に医師が児童虐待の診断に着目したのは、放射線科学の領域においてであった。一九四六年、小児放射線科医のジョン・キャフィーは、硬膜下血腫《こうまくかけっしゅ》や骨折の痕《あと》のような、重傷を負った六人の乳幼児の症例を提示し、いずれも、こうしたけがについての合理的な説明が親から得られなかったことから、これらは意図的な暴行によるものではないかと推測した。また、一九五三年にフレデリック・シルバーマン医師も、外見上は分からない外傷がレントゲンで明らかになったにもかかわらず、親から「子どもは過去に一度も外傷を負ったことはない」との証言を得たような場合には、強く虐待が疑われるということを示唆した。

そして、一九六二年に、小児科医ヘンリー・ケンプらが、子どもの重大な身体的虐待・ネグレクトの存在につき、世間の注目を集め、アメリカで児童虐待の通告のための法が制定されるきっかけとなった「被殴打児症候群 The Battered Child Syndrome」という概念を提示した。この症候群は、あらゆる骨の骨折、硬膜下血腫、成育不全、皮下出血や皮膚の腫《は》れ、打撲傷《だぼくしょう》などを負った子どもたち、とりわけけがの程度やタイプが受傷状況の説明と食い違う子どもたちに対して、考慮するべきだとするものである。

身体的虐待と頭部外傷

非常に残念なことではあるが、子どもへの身体的虐待が発覚するのは、子どもが瀕死《ひんし》の状態になって医療機関に担ぎこまれた時点であることが少なくない。たとえば骨折ややけどなど、重傷ではあっても生命に関わらない傷害を与えた場合には、親は、虐待の発覚を恐れて病院に連れて行かないことが多い。そして、子どもがけいれんしたり、意識を失ったり、泣く力もないほどぐったりとなってはじめて、自分の行為の重大さに直面し、「とんでもないことをしてしまった」「死んで欲しくない」「もう一度やり直したい」などと考えるようである。

身体的虐待が命に関わる場合に、最も多くみられる損傷の一つが、硬膜下血腫である。子どもの脳が、幼ければ幼いほどもろく、攻撃に対して傷つきやすいということは、大人であれば誰でも理解できるはずだ。しかし、日常的に虐待する親の多くは、そうした子どものもろさについての意識が麻痺していたり、自分の行為に伴う罪悪感を抑圧するために、「まだ大丈夫だ」「これくらい大したことじゃない」と考えがちである。そうした親は、子どもの頭部にかなりの衝撃が加わったことに気づいても、「ほうっておけば元気になる」などと、子どもの弱さではなく強さのみを漫然と期待する。そのため、発見が早ければ救えたはずの命が救えず、あるいは、重大な後遺障害を残すという、とり返しのつかない事態となり得るのである。

ここでは、虐待によって脳が受けるダメージを理解するために、子どもの脳の解剖学的な特徴について解説したい。

子どもの脳の解剖

脳は、内側から、軟膜《なんまく》、クモ膜、硬膜と、三層の膜に包まれた状態で頭蓋骨《ずがいこつ》の中におさまっている（図1）。硬膜は、頭蓋の内側にはりつくようにして存在している非常に硬い膜であり、頭《とう》

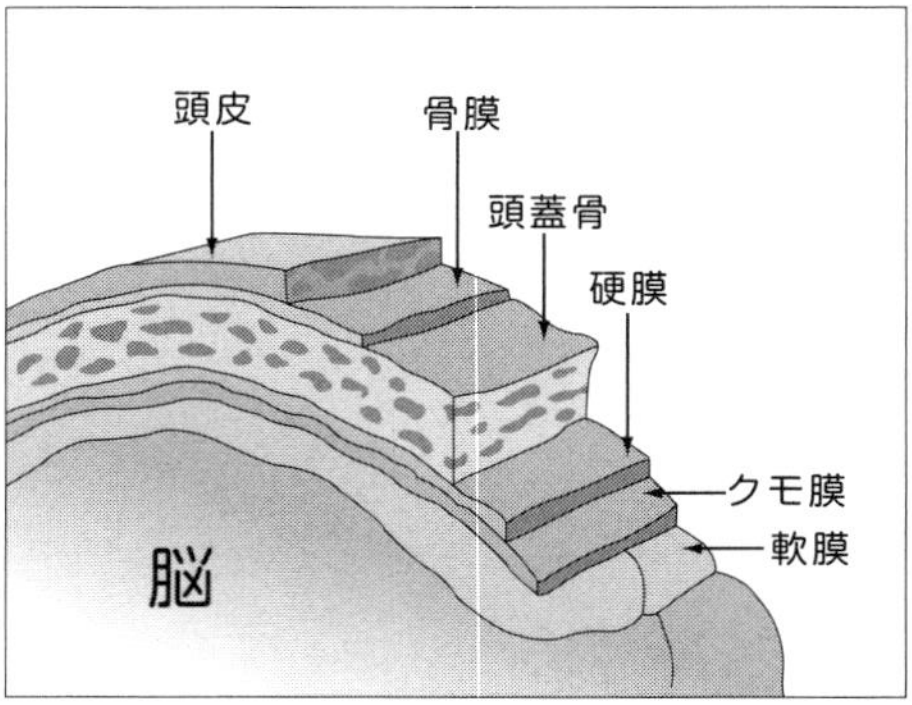

図1　頭部の解剖

頂《ちょう》部の、右脳《うのう》と左脳《さのう》に分かれる部分（大脳半球間裂《だいのうはんきゅうかんれつ》）に入りこみ、「上矢状静脈洞《じょうしじょうじょうみゃくどう》」という空間を作っている（図2）。この空間は、脳の中を灌流《かんりゅう》してきた血液が集められてくる場所であり、脳表面の血管と上矢状静脈洞との間は、血液の通路となる「架橋《かきょう》静脈」という数十本の血管によって結ばれている。

子どもの頭部に衝撃が加えられることによって、頭蓋骨の中で脳が大きく動き、脳と頭蓋との間でずれが生じる。そして、そのずれによってこの「架橋静脈」が引っ張られ、硬膜の下で切れることで、硬膜下血腫が起こると考えられているのである。

なお、まったく同じメカニズムで、架橋静脈が硬膜の下ではなく、硬膜の上部、つまり硬膜と頭蓋骨の内側との間で切れてしまえば「硬膜外血腫」、硬膜の内側にあるクモ膜の下で切れてしまえば、「クモ膜下出血」となる。いずれも重篤《じゅうとく》な頭部外傷であることには変わりがないが、虐待では圧倒的に硬膜下血腫を発症する割合が高いとされている。

子ども、特に一歳未満の赤ちゃんには、「大泉門《だいせんもん》」と呼ばれる頭蓋骨の間の「継ぎ目」（すきま）

があり、そのため頭蓋と脳との間のあそびが大きくなっている。それに加えて、赤ちゃんはまだ脳が未熟で柔らかい。これらの理由から、赤ちゃんの月齢が小さいほど、脳が頭蓋の中で変形しやすく、頭蓋と脳とがより大きくずれ、入れ物（頭蓋を内張りする硬膜）と内容物（脳）との間をつなぐ「架橋静脈」がより大きく引っ張られることになる。そのために、引っ張られた血管が切れやすいのである。

ただし、これらの頭蓋内出血は、それが起きても、必ずしもただちに致命的となるわけではない。出血量が少ない場合には、意識障害やけいれんなどのはっきりとした症状が出ることなく、

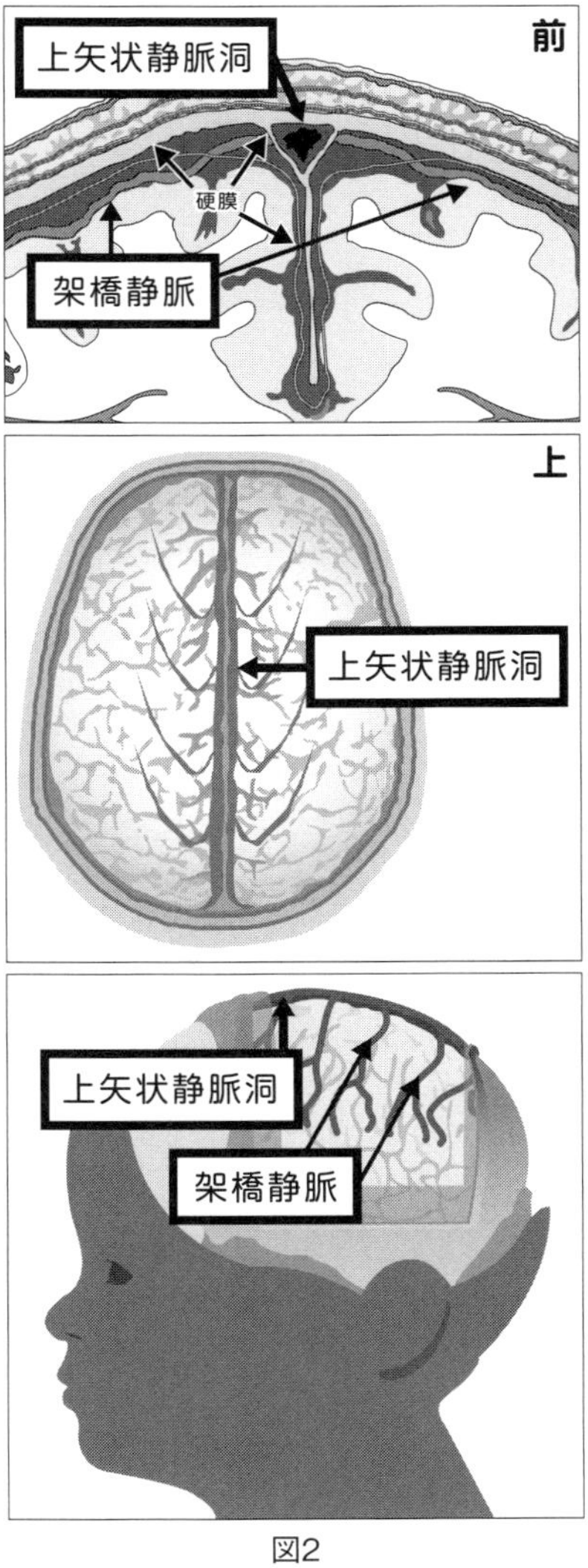

図2

やがて出血が止まり、自然に治っていくこともある。致命的となる頭蓋内出血の多くは、急激に出血することで、脳の表面に流れ出た血液が脳を圧迫したり、出血によって脳が腫れる「脳浮《のうふ》腫《しゅ》」となった場合である。

脳は頭蓋骨という、限られた容積の閉鎖空間の中にぴったりとおさまっている。そのため、脳浮腫によって脳自体の容積が増えたときや、脳の外側にできた出血によって脳が圧迫されるようなとき、頭蓋骨という閉鎖空間の中では、どんどん中の圧が高まることになる。頭蓋内の圧が高まることで、やがて脳は頭蓋から圧迫され、圧迫された部位に二次的に障害がおよぶ。圧迫され、障害が起こる部位にはさまざまなパターンがあり、たとえば、脳の上部で出血が起こったために脳が下に押され、「脳幹部《のうかんぶ》」と呼ばれる呼吸をつかさどる部分が圧迫されることで、呼吸が止まってしまうこともある。

赤ちゃんの頭部外傷と虐待

【四か月の赤ちゃんを床にたたきつけた事件】

崇史《たかし》は、平成一四年二月に、交際中の女性の妊娠をきっかけとして結婚し、翌一五年六月に長男ユウタ君が出生した。崇史は自動車部品製造会社に勤務していたが、結婚前から多額の借金をかかえて家計が苦しかったため、同年九月からは妻がパートに出るようになり、その間の育児は崇史が行うことになった。事件当時、崇史は二五歳、ユウタ君は生後わずか四か月足らずであった。

最終的な捜査段階で、崇史は事件当日の状況を、次のように説明した。

「その日も、午後五時前に妻がパートに出て、私とユウタの二人だけとなった。ユウタにミルクを作って飲ませてやろうとしたが、ユウタは飲まず、せっかく作ってやったのにと、いらいらした気持ちを感じた。ユウタは、その後、寝たり、ときどき泣いてぐずったりしていた。午後八時三〇分ごろに妻とメールのやりとりをしていた最中にも、ユウタは泣いてぐずっていた。ミルクを作り直して、再びユウタに飲ませようとしたが、やはり飲もうとせずに泣いていた。あやしても泣きやまないし、ミルクをやっても飲まないということを繰り返していたので、いらいらする気持ちはかなり高まっていた。

そしてユウタを抱き上げて、家の中を歩いてあやしていたとき、突然つまずいて、前につんのめって倒れた。このときユウタの体から手を離して両手を床についたため、ユウタは、あおむけに床に落ちて後頭部を打った。ユウタは白目をむきかけたような状態になり、それまでと明らかに違う小さな声で泣いていたので、なにか異常な状態になったと分かった。あわててユウタの体を両手で抱き上げて、もとに戻ってくれという気持ちで前後に振ったが、おかしな様子に変わりはなかった。

そのときの自分は、妻や妻の母親から『虐待をした』と責められるのじゃないかという不安を感じ、どうして自分だけこんなに追いつめられた気持ちにならなければいけないのかと思うと、ユウタに対する怒りを感じた。どうして自分の子なのに、一生懸命面倒を見ているのに、思い通りにならずに俺を追いつめるようなことばかりするんだ、そんな子ならもういなくなってもいいという気持ちでユウタの頭を床にたたきつけた」

同日午後八時五五分ごろ、崇史が、意識がないユウタ君を抱きかかえて、「子どもがベビー用椅子から落ちた」と棟続きの隣人の家に助けを求めたことで、一一九番通報された。搬送先の病院で行われたCTスキャン検査では、急性硬膜下血腫、脳浮腫、頭蓋骨骨折などが認められた。その診断をきいた崇史は医師に、「三週間くらい前と一週間くらい前にベッドから落ち、後頭部にたんこぶができた」「今日もベビーラックからずり落ちた」「今日は骨折するようなことは起きていないので、前にベッドから落ちたときのものではないか」などと説明した。

入院から約一週間後に、ユウタ君は、硬膜下血腫・脳浮腫によって起きた脳圧迫により死亡した。司法解剖では互いに独立して生じたものと考えられる三つの頭蓋骨折が認められたため、少なくとも三度、ユウタ君は頭を強くぶつけていたものと考えられた。

生後わずか四か月あまりの赤ん坊の頭蓋骨はとても薄く、柔らかい。さらに大泉門の存在が、頭蓋内の圧の上昇をある程度緩和できるために、頭蓋の内部で多少の出血が起きたとしても、無症状のままで治ってしまうことさえある。このため、赤ちゃんの頭部に攻撃を加えた親は、「このくらいでは死なない」との認識をもつことになり、ついに致死的な症状を呈《てい》するまで、日常的に頭をたたいたり殴ったりし続けるかもしれない。

本件では、ユウタ君は頭蓋骨を骨折するほどの衝撃を頭部に与えられており、そのために起こった頭蓋内の急激な出血によって、頭蓋内の圧がどんどん高まり、大泉門や骨折による緩衝《かんしょう》効果の限界を超えてしまったのだ。

それにしても、「ベッドから落ちた」程度で、赤ん坊がここまでの重大な頭部損傷を負うことはまず考えられない。また、かりに崇史の説明が本当だとしても、頸《くび》が据《す》わって間もない生後四か月の赤ん坊を、落下するかもしれない状態でベッドやソファに置いたままにしておくこと自体、非常に危険であり、そうした養育者は、子どもに十分な保護を与える能力を有していないとさえいえるだろう。なお、こうした不適切な育児状況については、「ネグレクト」という問題とも関係してくるため、4章で詳しく考えたい。

また、重篤な頭蓋内損傷を負った子どもの親は、偶発的な事故を主張することが少なくないが、崇史も、ユウタ君を抱きながら歩いてあやしていたとき、突然つまずいて倒れ、ユウタ君が床で後頭部を打ったものと主張している。こうした状況自体、かなり疑わしいものではあるが、裁判においては、そうした「偶発的な事象」が呼び水となって「床にたたきける」という暴行に発展したものと認定された。きっかけがどのようなものであれ、乳児を床にたたきつけるような暴力は言語道断《ごんごどうだん》であり、そうした事故によって子どもが異常な状態を呈したのであれば、その時点で救急要請すべきである。

ところで、慣れない育児の最中に「転んで子どもを落とした」などの事故が起こる可能性も、まったくないとはいえない。そのため、こうした子どもが運びこまれると、医師は虐待を疑いながらも、それ以上踏みこめないということが、少なからずある。しかし、そこでの判断を誤ると、やがて傷が癒《い》えた子どもは、虐待が疑われる親のもとに、否応《いやおう》なしに戻されることになるのだ。

頭部外傷のような生命の危機を経験した子どもは、たとえ自分がなにをされたのか分かっていなかったとしても、落ち着きがなくなったり、あまり笑わなくなったり、ききわけがなくなったり、それまではできたことができなくなるようなことが多くみられる。また、出生後の長期入院や施設入所などで、早期に親と離れる経験をした子どもは、親になつかなくなることもあり、そうした場合、親はさらに育てにくさを感じることになるだろう。さらに、子どもが高度の治療を受けた場合、医療費が相当に家計を圧迫することになり、家庭内はさらなるストレス状態に追いこまれることにもなる。

このように、子どもが重大な傷害を負うこと、それ自体が、その後の虐待のリスクファクターとなり得る。そのため、明らかに虐待ではないと分かっていたとしても、医療機関その他の関係機関においては、子どもが退院後も子育てを見守り、育児を支援する必要がある。実際に、子どもが原因不明の硬膜下血腫によって長期入院し、退院直後に、親の暴力によって殺されたという悲惨な事件は、あとを絶たない。

虐待の引き金としての「泣き声」

「赤ちゃんが金切り声を上げて泣き叫ぶ声に、理性の糸がぷつりと切れた」――。親が、赤ちゃんの「泣き声」をきっかけにして、頭部損傷などの深刻なダメージとなる暴力を衝動的に加えてしまったという事件を、最近よく耳にする。

自分の育児に自信のない母親、失業中で後ろめたい気持ちをもっている父親などが、「あやしても泣きやまない」という子どもの反応に、親として、あるいは人間としての存在価値を否定されたような気持ちになり、ついわれを忘れて原始的・感情的に反応してしまうという一つのパターンが、そこにはある。

昼夜を問わず、容赦ない泣き声をぶつけることで、ただ一方的に自らの要求を伝えようとする、貪欲《どんよく》なわが子の姿。親に精神的・体力的な余裕があるときであれば、「赤ちゃんは泣くのが仕事」「よく泣き、よく眠る子は、よく育つ」などと前向きに考え、理性的に泣きに対処することができるだろう。しかし、産後でまだ体力が完全に回復していない母親、翌朝の大切な仕事のために切実に睡眠を必要としている父親にとっては、そうした余裕はもはや残されていないかもしれない。

また、さらに悪いことに、こうした、精神的に余裕のない状態で赤ちゃんに接した場合、敏感な赤ちゃんにとっては、なんらかの居心地の悪さ、不安などのネガティブな感情をかき立てられるようなのである。そのため、「ミルクをあげても泣きやまない」「オムツを替えても泣きやまない」など、親がなにをしても機嫌を直さず、ただ泣き続けることになりがちである。

さらには、児童虐待に対する社会的な問題意識の高まっている現在、「子どもの異常な泣き声」をきいた近隣住民に虐待を疑われ、警察や児童相談所に通告されるかもしれないなどと意識したなら、わが子の火のついたような泣き声に、さらなる焦燥《しょうそう》感をつのらせることになるだろう。

これらの要因から、負の感情の悪循環が起き、身体的・精神的に疲れきった親が、いずれ子に憎しみをぶつけることになっても、不思議ではない。

【泣き声が引き金になった事件①】

優一（二二歳）無職。家族構成は、妻（二三歳）、長男マサシ君（五か月）、長女（幼児・年齢不明）の四人暮らし。優一は、事件の一週間前ごろから会社に無断で欠勤していた。この日の午後七時から九時すぎの間は夕食をとりながら晩酌《ばんしゃく》をし、午後一一時三〇分ごろの妻と長女の入浴中には、優一はリビングに一人でいた。そのとき、マサシ君が声をあげて泣き始めた。優一は、マサシ君をあやし続けたものの、いっこうに泣きやまず、そのうち、仕事についていらいらしていたことと相まって、次第にいら立ちを強めていった。

以下は、優一が事件当時の心情について述べた内容である。

「私は『仕事のことでいらいらしてるのに、こんなときに泣きやがって。ほんまにいらいらする』と、腹が立ち、『もう腹が立つ。噛《か》んだろうか』と思い、マサシの右足の太もも付近に噛みついたのでした。太ももを噛まれたマサシは、甲高《かんだか》い声で、それまでの倍くらいの勢いと大きさで泣き始めました。……マサシの甲高い泣き声は、耳にキーッとくる感じのものでした。私は、この泣き声をきいて、『うるさいわ。ギャーギャー泣きやがって。なんや、こいつ。もう許さん』などと、一瞬にして頭に血がのぼり、怒りが頂点に達しました」

こうして優一は、マサシ君をベッドに投げつけ、さらに激しく前後に揺さぶったり、おでこを指ではじいたりなどの一連の暴力行為を、激情にまかせて行い、マサシ君を硬膜下出血、脳浮腫によって死亡させたのである。

これ以前には、マサシ君に対する日常的な虐待はなかったとされているが、優一の「泣き声」に対する過剰な反応と、それに続く執拗《しつよう》な暴力をみると、もしこの時点でマサシ君が無事であったとしても、その後の同じような場面で、やはり同じような行為が繰り返された可能性は高いだろう。

ところで、体中に、新しくできた傷や古い傷がいくつも混在してみられる子どもの身体に、特徴的な噛み痕《あと》がみられることは少なくない。わが国でのみならず、児童虐待と噛み痕(bite mark)との関連性は、世界中で指摘されてきており、特に法医学の領域では、「虐待の加害者を特定することのできる数少ない損傷」として、重視されている。歯形は個人識別、つまりは加害者の特定に、非常に有用なのである。

ドイツのある研究では、死亡した四八人の被虐待児のうち一一人に「噛み痕」が見出されたと報告されており、うち最もよく噛まれている場所は、手足、腹部、だとする。

わが国でも二〇一一年一月、自宅アパートで男性(二七歳)が、同居女性(二六歳)の三歳の次女の腕に噛みつき、腕の肉がえぐれた状態のまま病院に連れて行かず、一週間ほど保育所を休ませていたというニュースが大きく報じられた。保育所からの通告を受け、児童相談所が訪問した際には、次女の噛まれた痕の一部は壊死《えし》していたという。

こうした親たちは、なぜ、わが子への暴力の一環として「噛みつく」という行為を行うのだろうか? 「噛み痕」に関する法医学的な研究は非常に盛んであるものの、虐待する親が「なぜ」子どもの肌に痛々しい噛み痕を残すような行為を行うのかということについては、ほとんど注意されたことはないようである。

思うに、「噛む」という行為は、非常に原始的で情動的な行動である。よく知られているのが、幼稚園に入りたての小さな子どもが、集団生活のストレスから友だちを噛むなどの問題行動を起こすことである。こうした「噛み」は、まだ言語表現のつたない幼児が、対人関係において、自分の思い通りにならないという状況に直面し、くやしい、いらいらした気持ちを表現または解消するために、直情的に行ったものであることが少なくない。そして、こうした幼児の「噛み」という問題行動は、言語能力の発達につれて減っていき、小学生になるころには、ほとんどみられなくなる。

このように考えると、大人であるはずの親に、「噛み」という問題行動が再発するのは、理屈も感情も通じない小さな子どもの感情の爆発（多くは泣き声）に接することで、自らも言語獲得以前の原始的な感情に突き動かされたものとみなすことができるのではないだろうか。そして、そうしたコントロール不能の原始的な感情の爆発が、その後に続く一連の、他者からは理解しがたい、異常なまでの暴力を引き起こすのかもしれない。このようにして、暴力がとり返しのつかない結果になって、親はようやく冷静に戻り、自分の行った行為の残酷さに気づき、「どうしてそこまでしてしまったのか」と後悔の念にさいなまれることになるのではないだろうか。

【泣き声が引き金になった事件②】

洋介（二四歳）は、妻（二六歳）、双子の長男・次男（一か月）と同居していた。先にもうけていた長女（二歳）は、生活苦のため里親に預けていた。洋介は、双子の世話という名目で仕事をせず、家にこもってほとんどの時間をテレビゲームの「レベル上げ」に興じてすごしていた。

事件当日、彼は午後四時ごろに起床後すぐにゲームを始めたが、六時ごろに双子が泣き出したためゲームを妻に交代し、ふとんの上に双子を並べて寝かせ、左右片方ずつの手に哺乳瓶《ほにゅうびん》をもって、二人いっぺんに授乳させることにした。やがて、次男が泣きやまなかったことから、次第にいらいらした気持ちになり、「お前だけの面倒をみてるんじゃないんだ、お兄ちゃんにもミルクをあげなきゃならないんだから、泣きやめよ！」と、あおむけに寝ている次男の両足を両手でつかみ、その身体を波打つように激しく上下に揺らした。それでもまだ全然泣きやまなかったため、さらに激しく振ったところ、突然次男の泣き声がピタリとやんだ。おかしいと思って顔を見ると、黒目が左右まったく別の方向を向いて、息をしていなかったという。結局、次男は、急性硬膜下血腫および脳浮腫《ふしゅ》によって死亡した。死後行われた司法解剖で、比較的新しい鎖骨《さこつ》の骨折も明らかになった。

なお洋介は、寝不足や虫の居所が悪いときには、なかなか泣きやまない子どもたちに対して、平手で頬を往復ビンタする、握り拳《こぶし》で腰からお尻のあたりをたたく、脇の下から手を入れて前後左右に振る、軽くほうり投げる等の暴行を日常的に加えており、どうしても泣きやまないときには家の押し入れに子どもを閉じこめ、泣き疲れるまでほったらかしにするなどもしていたという。

事件当時の暴行内容が、本当に洋介の供述する通りのものであったかどうかは分からない。そのため、実際には他の態様での暴行が行われていた可能性は否定できない。また、洋介のぞんざいな育児態度からみても、日常的な暴行が積み重なってゆき、このときにとうとう脳損傷となる限界を超えてしまったという可能性も高い。

「実際になにが行われたか」ということは、加害者が自らの罪を真に認めている場合や、同居家族が暴行を目撃した場合で、かつ、その証言内容が被害者の傷の状態と矛盾しない場合に、ようやく特定されるものである。しかし、子どもに重傷を負わせたり死亡させたりした親は、自分が実際に行った行為を過小申告したり、捜査機関の追及に対して自己保身的な、場当たり的な供述を行うことが非常に多く、また、同居家族も、加害者をかばい、あいまいな供述をすることが少なくない。このように、「実際にどのような暴力がふるわれたのか」ということの不明確さに加えて、それぞれの子どもの発育状況や生まれつきの素質に応じてかなりばらつきのある「脆弱《ぜいじゃく》性（もろさ）」という要素とがからみ合うことで、私たちが虐待について正確に理解することは、非常に困難になっている。

ところで、本件や4章の一〇八ページで紹介する事例のネグレクトの父親にもみられるが、虐待のある家庭では、父親がゲームに没頭していたり、母親が出会い系サイトを含めた携帯電話やインターネットを通じてのコミュニケーションに没頭していて、その片手間に子どもの最低限の世話を行うという子育て方法が、最近特に目立ってきている。こうした家庭では、子どもではなく、大人の趣味が常に優先されている。これらのゲームやネット環境においては、家庭という日常生活とは異なる世界に自らを置くことができ、したがって「親」という責任から解放され、バーチャルな空間であれ「自分らしく生きる」ことが可能である。そのため、これらにのめりこめばのめりこむほど、現実の自分の立場から、意識が乖離《かいり》しがちになる。そして、こうした親にとって、「子どもが泣く」という当たり前の行為は、「自分らしく生きることを邪魔する、不快な刺激」と認知されることになりがちなのである。

【泣き声が引き金になった事件③】

幸男（二〇歳）は、出会い系サイトで知り合った女性（二一歳）の妊娠を機に、女性の家に移り住むようになった。そのうち、幸男は派遣社員として勤めていた工場を解雇され、無職の状態となった。そして、ほどなく女性は長男を出産。１ＤＫで親子三人が暮らしていたが、出産直後から毎日のように、赤ちゃんの激しい泣き声とともに、男の声で「うるさい」「泣くな」「静かにしろ」とどなり散らす声が、近所の住民たちの耳に入ってきていたという。事件当日の朝六時ごろ、幸男は当時生後わずか二か月であった長男の泣き声に起こされたため、これに腹を立て、長男の上にまたがって顔面を数回殴りつけた。母親は、急いでわが子を泣きやませようと授乳を試みたものの、長男が飲もうとせずに泣き続けたことに幸男はさらにいら立ち、母親に抱かれていた長男の背中を押して約五〇センチメートルの高さから床に落下させた。長男は、急性硬膜下血腫を発症して意識不明の重体となり、脳に回復不能の重い後遺障害を負った。

事件発覚後のマスコミ取材に対し、現場アパートの住民の何人もが、「子どもの泣き声と一緒に男の人の『こら』というどなり声がきこえた」「これまで二〜三回、『泣けば済むと思ってんのか』というどなり声をきいた」「内縁の妻と思われる女性の泣きわめく声がきこえることもあった」などと、口々に話した。

刑事裁判において、幸男および弁護人は、「一回だけ顔を殴ったが、力を加減している。（背中を押したのは）授乳をスムーズにするために体を押さえただけで、暴行にはあたらない」「当時は寝ぼけていた」などと主張したものの、傷害罪で有罪判決を受けた。

生後間もない赤ん坊の泣き声に対して、連日近所に響き渡るほどの怒声を浴びせているという状態は、明らかに異常な育児環境であることを示している。こうした事態に気づいた近所の人は、迷わず児童相談所や警察に通告を行うべきであろう。しかし本件では、近隣住民は、「身近に虐待があるとは思わないから気にしなかった」「またかという感じだった」などと話し、虐待の通報はいっさい行われていなかったという。

虐待だとまでは確信がもてなかったとしても、赤ん坊の泣き声にストレスをつのらせた家庭環境にある親たちは、なんらかの社会・福祉的な援助を必要としている場合が少なくない。社会経験や経済力に乏しい若年夫婦が、一部屋しかない単身者用の狭いアパートで子どもを育てるという状況においては、親たちには、「自分たちのような家族がどのような福祉的な援助を受けられるか」について、積極的に情報提供されるべきであろう。しかし、こうした環境下での育児の負担にあえぐ親は、社会的に孤立しがちであり、自分から福祉・行政につながるということの知識や意欲に欠けていることが少なくないため、こうした親子を認知した周囲の人々こそが、福祉につなげる援助をするべきだと考えられる。そして、そのように考えると、児童相談所等への通告を、「虐待の通告」というネガティブな意味でとらえるのではなく、「援助を必要とする親子の存在を行政に知らせる」というポジティブな意味でとらえることができる。虐待であるか否かは、専門職の人々が自らの職責において判断すべき事柄であるので、私たちは、子どもや親に対する援助の突破口さえ作ればいいのである。

増える、男性による虐待事件

なお、この章でとり上げた事件はいずれも、日ごろの育児のストレスをためていた無職の父親が、赤ちゃんの泣き声にカッとなって起こした事件である。こうした衝動的な虐待は、かつては「育児ノイローゼ」などと呼ばれる、育児負担によって情緒不安定となった母親に、多くみられるとされていたものである。これまでの日本では、母親が子育てを一手に担い、父親は仕事で生活費を稼いでくるという役割分担が一般的だったために、父親がこうした事件を起こすことはまれであった。

しかし最近は、こうした事件を、父親あるいは同居男性が起こすというパターンがとても目立ってきた。もちろん、男性が育児に参画することは非常に望ましいことであり、夫婦間で、「母が仕事、父が育児」というとり決めをしている夫婦も、いまや珍しくない。お母さんよりもずっと子どもの扱いが上手なお父さんも多くいる。ただし、5章で詳しく触れるように、子どもがとても小さい、乳児のときには、授乳を介しての母親との情緒的交流が非常に重要であり、男性が育児を含めた家事を分担する場合にも、なるべく、母子が濃密なスキンシップをとることができるよう協力すべきであろう。

ところが、最近よく耳にする「男性が、泣き声にいらいらして」起こした事件の背景をみてみると、ほぼ一様に、勤労意欲や家族への責任感に乏しい男性が、産後間もなく体調が万全でない女性を飲食店などで働かせ、自らは無為徒食の生活を送りながら、ほとんど育児を行わず、また子への関心もないという背景を有している。さらにいえば、こうした男性は、職のないいら立ちや「食わせてもらっている」という負い目、世間体の悪さなどの慢性的なストレス状態にあることに加えて、気の進まない育児を見よう見まねで行うものの、思うようにいかないことから、さらにストレスをためることとなりがちである。このようなストレスのはけ口が子どもに向けられることと並行して、妻あるいは同居女性に対して男としてのプライドを誇示するためとばかりに、避妊をしない暴力的なセックスが強要されることも少なくない。その結果母親は、望まない妊娠、出産を余儀なくされ、夫婦はさらなる生活苦、過重労働へと追いやられていき、育児の負担がさらに重くのしかかるという悪循環に陥ってしまうのである。

なお、この赤ちゃんの「泣き声」をとりまく子育て上の問題と、その対応策については、5章で再度詳しく述べることとしたい。

皮膚に残された虐待の痕跡《こんせき》

頭部損傷のような重大な傷害に限らず、子どもの体表に不自然な傷を見つけた場合に、それが偶発的にできたものか、誰かの手で故意にできたものかを識別することは、とても重要である。頭部損傷の場合と同様、虐待を繰り返している親は、他人から子どもの傷について指摘されると、「この子はよく転ぶんです」とか、「不注意で、あちこち自分でよくぶつけるんです」「この子のきょうだいが、オモチャをぶつけたんです」など、事故を主張することが多く、そのようにきっぱりと説明されると、やはりそれ以上追及することは難しくなってしまうだろう。しかし、子どもの不自然な傷を発見することが、またとない介入への突破口となり得るということには、疑いがない。虐待する親の多くは、自らの虐待行為が発覚することを恐れて、傷を負った子どもを世間から隠そうとするからである。そのため、リスクをかかえた家庭の子どもの姿を確認することはとても重要であり、確認できた場合には、虐待、少なくとも不適切な世話の痕跡をけっして見逃さないようにすべきである。

【義父による、しつけと称するせっかん】

タケル君は、母親（二二歳）が一五歳のときに生まれた。その後、母親が飲食店に勤務していたときに、客だった修（三一歳）と出会い、事件から三～四年前から修の住むアパートに母親が単身で身を寄せ、二〇〇九年二月に結婚。同年四月、小学校入学を機に、それまで母親の実家に預けられていたタケル君を、二人の住むアパートに呼び寄せたという。しかし、その直後からしつけと称する修の暴行が始まり、同年の夏ごろには「このやろう」という怒声とともにタケル君の悲鳴やドスンという大きな音が近所の人にきかれるようになった。

同年九月、治療に行った歯科医院で顔や太もものあざの理由をきかれ、「パパにぶたれた。ママはみていてなにもいわない」とタケル君は打ち明けた。そのため歯科医は、区のこども家庭支援センターに通報した。そして区の連絡で小学校の校長、副校長、担任らが家庭訪問をしたが、彼らはそこでの「男の約束として、二度と手は上げない」という修の言葉を信じてしまった。報告を受けたセンターは「緊急性はない」と判断し、文書報告を受けた児童相談所も「解決済み」と認識したため、結局両機関とも家庭訪問をしなかった。

しかしタケル君はこの九月以降、八五日間ある出席日数のうち三一日間を欠席していた。このころ担任がタケル君の顔にあざがあることに気づき、副校長らに報告し、学校側が家庭訪問したものの、その事実を児童相談所などには通告していない。

そして一〇月、タケル君は三日連続で「頭痛」を理由に欠席したため、担任は母親に医療機関への受診を勧めたところ、翌日には入院したときかされた。入院先の病院でタケル君は「急性硬膜下血腫」と診断されたが、母親が「お父さんと遊んでいて、抱きかかえられた状態から落ち、頭を畳にぶつけた」と説明し、病院は「説明に矛盾はない」と判断した。そして病院では、頭の治療のみを行い、タケル君の身体の状態についてはなんら確認しなかったばかりか、八日間の入院中も、タケル君本人から話をきいていなかったという。

そして一一月になると、両親は副校長への不満を学校や区の教育委員会に訴えるようになり、一一月二四日に親子三人で来校したときには、九月の家庭訪問の際に副校長に「食事はカップめんだったのか」ときかれたことをもち出して「心外だ」と怒りをぶつけている。そして一二月になると、「副校長のいる学校には行かせられない」と、タケル君を欠席させるようになり、担任教諭がたびたび家を訪ねたが、タケル君には会わせてもらえなかったという。

一月になり、事件の二日前、近所の住民が「お父さんにいじめられてないか」とタケル君に声をかけたが、タケル君は「いじめられてないよ。悪いことをしたら怒られるけど」と、修をかばったという。

そして二〇一〇年一月二三日夜、両親がタケル君の両頬を何度も平手打ちして、さらに両腕や両足を殴る蹴るなどしたため、タケル君は意識不明となって救急搬送され、翌朝死亡した。死亡時わずか七歳であった。

死因は、吐物誤嚥《とぶつごえん》による誤嚥性肺炎であった。これは、体力や抵抗力が落ちたときに起こりやすいとされている病態である。食道から胃の入り口にかけてのしまり具合がゆるく、胃の圧が上がると口まで逆流してしまう生後六か月ごろまでの乳児や、嚥下《えんげ》機能の弱った高齢者に多いとされており、七歳の健康な子どもにみられることはまれである。また、タケル君の身体には古い複数の傷があり、背中にはやけどのような傷も多数見られた。

事件当日の暴行について修は「ご飯を食べるのが遅いので、しつけのためにやった」と一貫して述べていた。

子どものSOS

この事件では、複数の機関や近所の人々が関わっていながら、子どもを救うことができなかった。最初の局面は、事件の四か月前、子どものあざに気づいた歯科医に「パパにぶたれた」と、幼いながらにＳＯＳを出していたときである。通常、七歳の子どもの顔や太ももにあざができるほどのたたき方をするのは、しつけの一環としても、とうてい許容されるものではない。また、このとき子どもが、「ママはみていてなにもいわない」と打ち明けたように、自分が受けた暴行が理不尽なものであり、信頼する母親であれば、当然止めてくれるはずのものだと認識していたのである。これは「しつけ」で、「自分のために親が行った」ものだとは、子どもには受けとられていないということだ。この時点で、親がいくら「しつけ」といいつのったとしても、それは子どもにとっては虐待なのではないかという疑いを、周囲の大人がもつべきであろう。

そして、歯科医からの通告を受けた市が、学校関係者に家庭訪問をさせたことも、本件では裏目に出てしまった。子どもが通う学校関係者と親がこうした形で直面することは、「学校関係者から疑われている」ということを親にはっきりと認識させる結果となり、あざのできた子どもを学校に行かせなくなってしまう可能性が高いのである。

筆者が知る別の事件では、保育士にあざを指摘された母親が、男児（四歳）を暴行していた継父にそのことを報告したことをきっかけに、「もう明日から保育園に行かせない」と「決定」された。そして、夫婦は共働きであったため、日中に家の中を散らかされないよう、男児をロープでしばって押し入れに閉じこめておいたところ、男児は自力で逃げ出してベランダで騒ぎ立てたため、近所で騒ぎとなった。そのため、前日の騒ぎに腹を立てていた継父が、その翌日、男児の両手両足を脱出不可能なほどに縛り上げて衣装ケースの中に押しこめて放置した。事件当日は七月中旬で、外気温は二四度弱、湿度は九九・九％であったとされ、小さなケース内での急激な温度上昇などにより、男児は熱中症で死亡した。これも、子どもの必死のＳＯＳに周囲が適切に対応できていなかった事件である。

見逃されたサイン

子どもが家庭に閉じこめられ、面会を拒絶されるようになると、そこに強制的に介入することは非常に難しくなる。タケル君事件では、市が最初に通告を受けた時点で福祉職員などを訪問させ、親との信頼関係を構築するよう努めるべきではなかったか。そしてこの時点では、学校関係者を家庭に直接的に介入させるのではなく、登校してきた子どもの様子を観察するよう注意を促し、なにかあれば連絡し合うなどの協力体制をとる必要があったはずだ。

また、学校関係者のみならず、近所の人においても、小さな子どもが連日激しく叱られていることや、その際にできたと思われるあざを目撃したのであれば、「幼い子どものしつけのために度を超えた暴力が用いられている」ということが強く疑われるだろう。そうした場合には、すでに述べたように、「気になる家庭」という程度でもかまわないので、児童相談所に通告を行うことが望ましい。その際には、通告者は匿名でもかまわず、正確な家族状況などの詳細を知っておく必要もない。

さらに、「急性硬膜下血腫」という、虐待によくみられる重大な損傷を診断した病院が、「父親との遊び中の事故」という親の話を、ただうのみにし、全身状態の確認をしていなかったことは、残念でならない。ここで身体の診察をしていれば、あざだらけの太ももや背中が明らかになっただろう。また、遊び中に頭を強打し、急性硬膜下血腫が発症したということであれば、「頭痛」を理由として三日間も学校を休ませ、担任に促されてようやく病院を受診したというのは、あまりにも不自然である。この際、担任も入院先と担当医を把握した上で、直接医師から話をきいておくべきではなかっただろうか。

そして入院から約一か月後、両親は学校に対するクレーマーのような行動をとっており、学校側は、虐待の疑いを確認するよりも、親との関係修復で、手いっぱいの状態となっていたようである。そして、結局子どもは、「学校への不満」という親側の感情のみの問題から学校に行かせてもらえなくなり、担任が何度も家を訪ねても、子どもには会わせてもらえない状態になっていた。こうした事態は、小学校一年生の学童の「教育を受ける権利」が親によって不当に侵害されているものといわざるを得ず、学校は、教育委員会や児童相談所をはじめとする行政機関に、ケースを報告して対応を促すべきではなかっただろうか。

ともかく、この家族は、母親が非常に若くして、独身のまま子どもを生んだこと、生後しばらくは子どもと同居していなかったこと、新しい父親と同居を始めたばかりであったこと、父親の怒号が連日きかれていたこと、あざが目撃されていたこと、学校を休ませがちだったことなど、ハイリスクな要因がいくつも重なっていた。こうした家庭を地域から孤立させることなく、子育てに援助することが、自治体や社会福祉の課題となるだろう。

ただし、これらのことは、すべて事件が明るみに出た時点だからこそいえる後づけの理屈だといわれるかもしれない。確かに、誰にでも、いかなるケースにおいても、こうした最悪のシナリオが当てはめられるわけではないということも事実である。また当時、この事件に関わった人々は当然、目の前の事象に対して精いっぱい対処しようとしていたであろうし、それらの努力がことごとく阻まれる、さまざまな事情があったかもしれない。事件に関与した人々の並々ならぬ苦悩は、察するに余りあるものである。

しかし、私たちは、後ろをふり返って当事者のみを責めるのではなく、しっかり前を向いて、子どもたちの未来を守らなければならない。最悪の事例を教訓にして、そこから得られた経験を、今後起きるかもしれない同種事件への対応に生かすべきである。失われた命をけっしてむだにしてはならないのだ。

身体的虐待の特徴

身体的虐待は、子どもの身体にあざなどの痕跡を残すことが少なくないが、こうした場合、洋

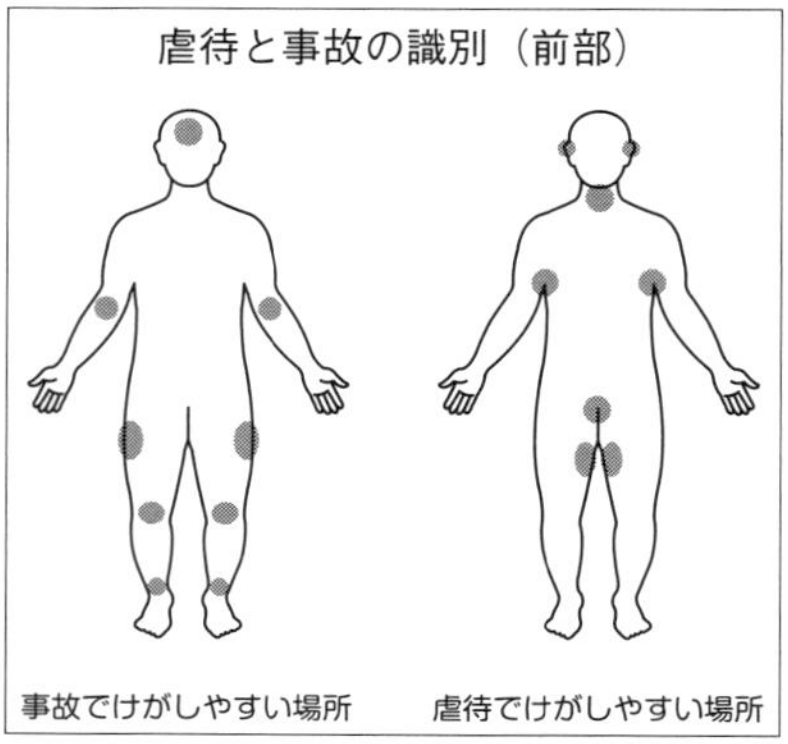

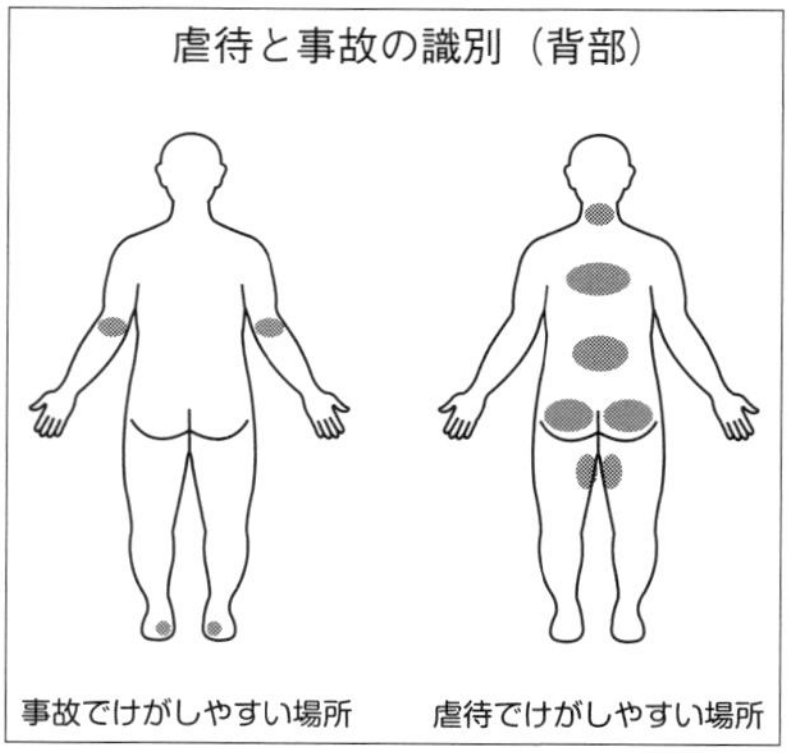

服から露出する手足の先端部分などには攻撃が加えられず、体の中心に近い部分、腕やももなどであれば内側部分に、あるいは事故ではあざを作りにくい背中や、ぶつかったり尻もちをついたくらいではあざができにくい尻などに、傷が集中する傾向がある。さらに、頭部や顔面の傷については「子どもが転んだ」と言い訳されることが多いが、特に学童期の子どもであれば、転ぶ際には防御姿勢をとるはずであり、顔のみにあざがあって、腕や手のひらなど、転んだ際にとっさに床に打ちつけるであろう部位になんらの痕跡がない場合にも、注意を要する。偶発的に転んだりしてできた擦《す》り傷（挫傷《ざしょう》）は、通常は、皮下脂肪が少なく、皮膚のすぐ下に骨がある硬い場所に起こると考えられている。すねやひじ、三歳児以下くらいであれば額や頬骨などの、身体の出っ張った部分である。

また、偶発的なけがでは、擦り傷や皮下出血・やけどなどによる皮膚の変色部は、不規則では

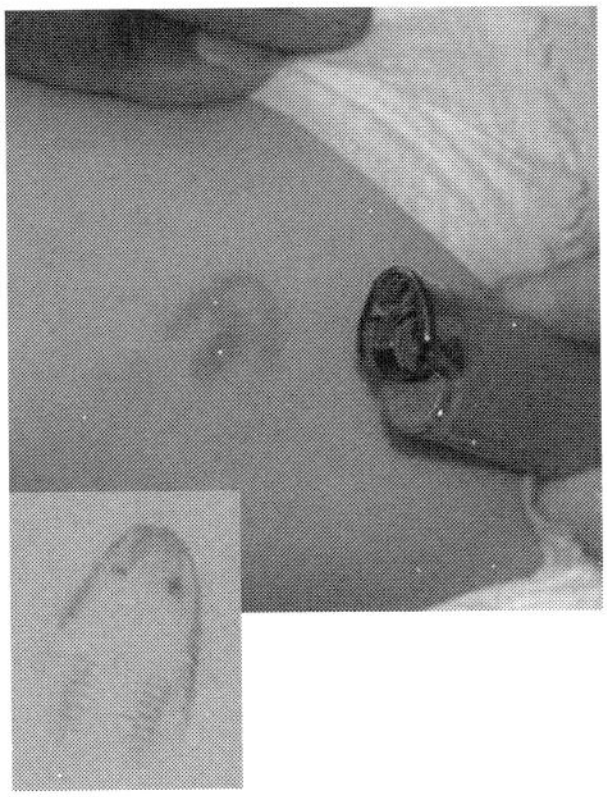

っきりとした形のないものとなることが多いが、虐待による場合には、辺縁《へんえん》がくっきりとしていて、なにかの形をしたようなものが認められることが多いとされる。たとえばつねられた痕は、くっきりとしたアーチ型のあざとして観察される。また、明確に大人の手形や噛み痕だと分かることもある。

虐待に道具が用いられる場合、典型的にはベルトやハンガー、コード、定規、洗濯バサミや台所用品、タバコなど、通常の家庭であれば、すぐ手にすることのできる日用品が多く、傷の形状から道具が推定できることも少なくない。たとえば右の写真は、熱くなったライターの着火部分が皮膚に押しつけられたものであり、非常に特徴的な傷を形成していることが分かるだろう。

また、顔が殴られたような場合には、上唇の裏側にある、上唇と歯《は》茎《ぎき》をつないでいる上唇小帯《じょうしんしょうたい》（一番前にある上の歯の歯茎のつけ根部分を、舌で探ってみると分かる）が引きちぎられ、あるいは引っ張られたことによって出血していることもある。

擦り傷の色調の変化（目安）

色　調	受傷の時期
赤みがかった青	受傷直後
暗い青あるいは青っぽい茶色	1日～3日
緑がかった黄色	7日～10日
黄色っぽい茶色	8日以上
無色	2～4週間

さらに、転んだりぶつけたりしたと考えるには不自然な場所に、新旧混在する複数のあざや擦り傷を負っている場合には、その受傷時期を推定しながら、それぞれの傷が、いつ、どこで、どうやってできたものかを確認するべきである。子どもが不注意で自ら負った傷であっても、適切に治療されていないような場合には、子どもが親から適切な注意やケアを受けていない可能性を考慮する必要がある。

親の説明の評価

通常は事故ではできそうにもない外傷を一つでも子どもが負っていたら、ほかにもけがをしていないかを、注意深く観察すべきである。子どもがある程度大きければ、けがの理由をきいてみて、その説明や態度が不自然でないかを判断することもできるだろう。

また、乳児の場合には、自分で転んだり傷つけたりすることはできないため、親は「抱いていてむずかったので、畳の上に落としてしまった」とか、「あやしていて壁にぶつけてしまった」などという、偶発的であるが、しかしあいまいな出来事を口にすることが多い。

生後二か月の長男を居間の板張りの床に投げつけて、約二時間後に死なせたある傷害致死事件において、捜査段階で犯行を認めていたある父親は、裁判において、突如否認に転じた。その父親は「息子を風呂《ふろ》に入れようとした際に風呂場の床で足を滑らせ、抱いていた息子の胸を洗面台の縁に打ちつけ、バランスを崩して浴槽の縁に息子の後頭部あたりをぶつけた」などと、解剖所見で認められた外傷結果に沿うような、しかしにわかには信じがたいような「偶発的外傷」を主張した。当然、この主張は受け入れられず、この父親には傷害致死での有罪判決が下されている。

これまでみてきたように、子どもの傷の状態と親の説明とを照らし合わせることで、親の説明の不自然さが際立ってくることは、虐待事例では非常に多い。「子どもを抱いていて転んだ」という場合であっても、子どもを真に心配し、大切にしている親であれば、自分のひじや肩などを使って、とっさに子どもをかばおうとすることで、それらの部位に自ら打ち身を作ることが多いだろう。そして、なんらかの事情でまったく受け身がとれず、子どもの身体のみを地面や家具などの硬いものに打ちつけたような場合には、すぐさま子どもが無事かどうかを確認し、異変があれば即座に病院に連れて行くことになるはずである。

本当に自分の不注意による事故で子どもがけがをしたり、ぐったりした場合であっても、まず親は、「虐待が疑われるかもしれない」などと心配するよりも、子どもになにが起こったのかを医師に正確に伝え、適切な検査・治療をしてもらいたいと考えるはずである。なお、配偶者や義父母などの同居家族から叱責されることを恐れ、ことさら、自分の不始末であることを隠そうとする場合もあるかもしれない。こうした場合には、医師が冷静に、子どもの傷の状態と親の説明とにつじつまが合わない部分があることを指摘し、子どもの治療のためには真実を語る必要があり、隠し立てすることはもっと大きな不利益につながることを、親に理解させることが望ましい。虐待が疑われる初期段階で専門家がきちんと査定を行うことが、子どもの再被害を防ぐためにとても重要であることは、いうまでもないことである。

3章 特殊な身体的虐待

(1) 乳幼児揺さぶられ症候群

乳幼児揺さぶられ症候群（シェイクン・ベビー・シンドローム＝SBS）は、かつてわが国では「揺さぶられっ子症候群」などの名前でも呼ばれており、赤ちゃんの頭部を動揺させることによって、「硬膜下血腫」「脳浮腫」「網膜《もうまく》出血」などの、重篤な損傷が生じるというものである。

これまでは、子育ての過程で親が「うっかりと」子どもの頭部を揺すった場合に起こるというような、事故的なものだと考えられがちであった。

SBSは、アメリカの小児放射線科医たちによって、一九六〇年代の終わりごろから提唱されていた概念であるが、日本でSBSが一般に認知されたのは、一九九七年五月一八日の『朝日新聞』の「つい揺さぶって脳に打撃　赤ちゃんに危険『揺さぶられっ子症候群』」の記事が最初であったものと思われる。その記事によれば、同症候群は、以下のように説明されている。

乳幼児を強く揺すると視力などに障害を起こし、最悪の場合、死に至る恐れがある。一部の専門家から「揺さぶられっ子症候群」と呼ばれ、虐待されたり、親に抱かれて揺すられたりすることの多い子供の疾患の一つだ。……虐待するつもりがなくても、「ちょっとしつけのつもりで」「いらついてつい」体や頭を強く揺さぶってしまい、死んでしまった例もある。

この記事からは、「ちょっとしつけのつもりで」「いらついてつい」体や頭を強く揺さぶって死亡させた場合には、虐待ではなく、過失による事故だという趣旨が読みとれる。そして、同記事では、プロ野球ニュースをみていた父親が、生後五か月の娘が泣いたことでカッとなり、同児の頭を数回揺さぶったところ、間もなくけいれんを起こしてぐったりし、病院に救急搬送されたという事例を紹介する。同児は硬膜下出血から脳浮腫を発症し、約一か月後に死亡した。警察の調べでは、毎秒二～三回という速さで数秒間という、頭部に対する非常に激しい揺さぶりがあったという。そして記事は、「泣くのをやめさせるためにした行為で虐待とはみなされず、父親は罪

に問われなかった」と、事件を結ぶ。
この記事では、生後わずか五か月の、頸が据わって間もないころの赤ん坊に対し「泣くのをやめさせるために」力いっぱい揺さぶる行為が、育児の一環ないしは、「虐待とまではいえない行為」だとみなされているのだ。しかし、一秒間に二、三回、頭ががくがくと動くような揺さぶりというのは、かなりの力を加えなければできない。
乳幼児揺さぶられ症候群は、上の図のように、赤ん坊の脇腹をもってもち上げ、前後方向に、一秒間に約二～四サイクルで数秒間揺さぶることで発症するものと推測されている。筆者は、医学部の講義や市民講座などでこの症候群の話をする際に、出席者の中の誰かに、「一秒間で頭部が一～二往復するくらいの速さと強さで」人形を揺さぶってもらうことにしている。そして、人形は実際の乳幼児よりもかなり軽いことを説明すると、実演した誰もが、「相当な力を加えなければ、無理」「『あやそうとした』などという言い訳は、あり得ない」という感想を述べる。このことを実感していただくには、たとえば一〇キログラム入りの米袋を揺さぶってみるといいだろう。そして、理性的に考えれば、泣き叫ぶ、低月齢の赤ちゃんの頭部を激しく動揺させる揺さぶりを加えたとして、ぴたりと泣きやんで機嫌を直すということは、まずあり得ないことが分かるはずである。要するに、乳幼児に「一秒間に二、三回」という暴力的な揺さぶりが加えられた場合には、後からどのように言い訳をしたとしても、養育者がストレスや感情を爆発させ、衝動的に行った暴力であると評価せざるを得ない。

急激な回転性加速-減速運動

このことは、逆にいえば、「あやすため」という目的のもとで理性的に行った揺さぶりでは、乳幼児揺さぶられ症候群にみられるような重篤な損傷は、まず起こらないということである。よく育児雑誌やインターネットの育児コミュニティでは、「チャイルドシートに乗せていて頸《くび》が振られたが、大丈夫か」とか、「ベビーチェアで長時間揺られていたけど、揺さぶられっ子にならないか」とか、「寝ていて頭をぶんぶん振る癖があるが、脳に影響はないか」など、SBSにまつわる新米ママのさまざまな憶測や不安がつづられているのを目にする。こうした育児不安は、あたかも「都市伝説」的な軽い情報パニックとなっているようである。

この症候群は、医学的には、生後五か月前後までの、頸が据わっていないか、据わって間もない月齢の乳幼児に発症しやすいものと考えられている。こうした月齢の赤ん坊の頭部は、胴体と比べて相対的に大きく、頸の筋肉がほとんど発達していないために、身体を前後方向に思いきり揺さぶられると、頭部がものすごい勢いで前後することになる。SBSを起こしたある赤ちゃんの父親は、赤ちゃんの頭の動きについて「胸にあごがぶつかり、次には急速に反転して後頭部が背中に当たっていた」と表現した。これほどまでに激しい運動が繰り返されることで、赤ちゃんの頭部は、急激な回転性の加速‐減速運動にさらされるのである。

なお、こうした激しい動きによって、首の骨（頸椎《けいつい》）が折れてしまうのではないかと思われるかもしれない。ところが現時点では、SBSを起こした赤ちゃんで頸椎が折れていたとする報告はほとんどみられず、筆者らが実際に経験したSBSの解剖例でも、入念に頸椎を検査したものの、骨折や出血などの異変は認められなかった。赤ちゃんの全身の骨には柔軟性があるということが関連しているのかもしれないが、詳しいことはまだ分かっていないようである。

ところで、成人であっても、頸部に力を入れていない無防備な状態のときに後ろから突然追突されたような場合には、むち打ちの状態となる。むち打ちは、たいてい一回だけの衝撃であるが、それでも頭痛や吐《は》き気が起こったり、頸が回らなくなるなど、日常生活に支障を来たすような重篤な症状となることが知られている。

こうした衝撃が何度も、無防備な赤ちゃんの頭部に連続的に加えられるとすれば、その影響力の恐ろしさたるや、容易に想像できるのではないだろうか。

頭蓋骨と脳との「ずれ」

大泉門と呼ばれる頭蓋骨の「すきま」や、未熟で柔らかい脳などの特徴によって、赤ちゃんの脳が損傷しやすいということは、すでに説明した通りである。そして、打撃や投げつけなどの衝撃が頭部に加えられた場合と同様、大人の力で赤ちゃんの頭部が激しく揺さぶられた場合であっても、頭部と脳との動きに「ずれ」が生じるものと考えられている。これは、豆腐《とうふ》を一回り大きなタッパーに入れ、周りを水で満たしたような状態を想像すればいいだろう。タッパーを前後に揺さぶると、タッパーは加えられた力の通りに動くが、中の豆腐は、慣性の力によって、遅れて前後運動をするため、タッパーと豆腐との間に「ずれ」の力が生じることが分かる。実際の脳であれば、タッパーにあたる頭蓋

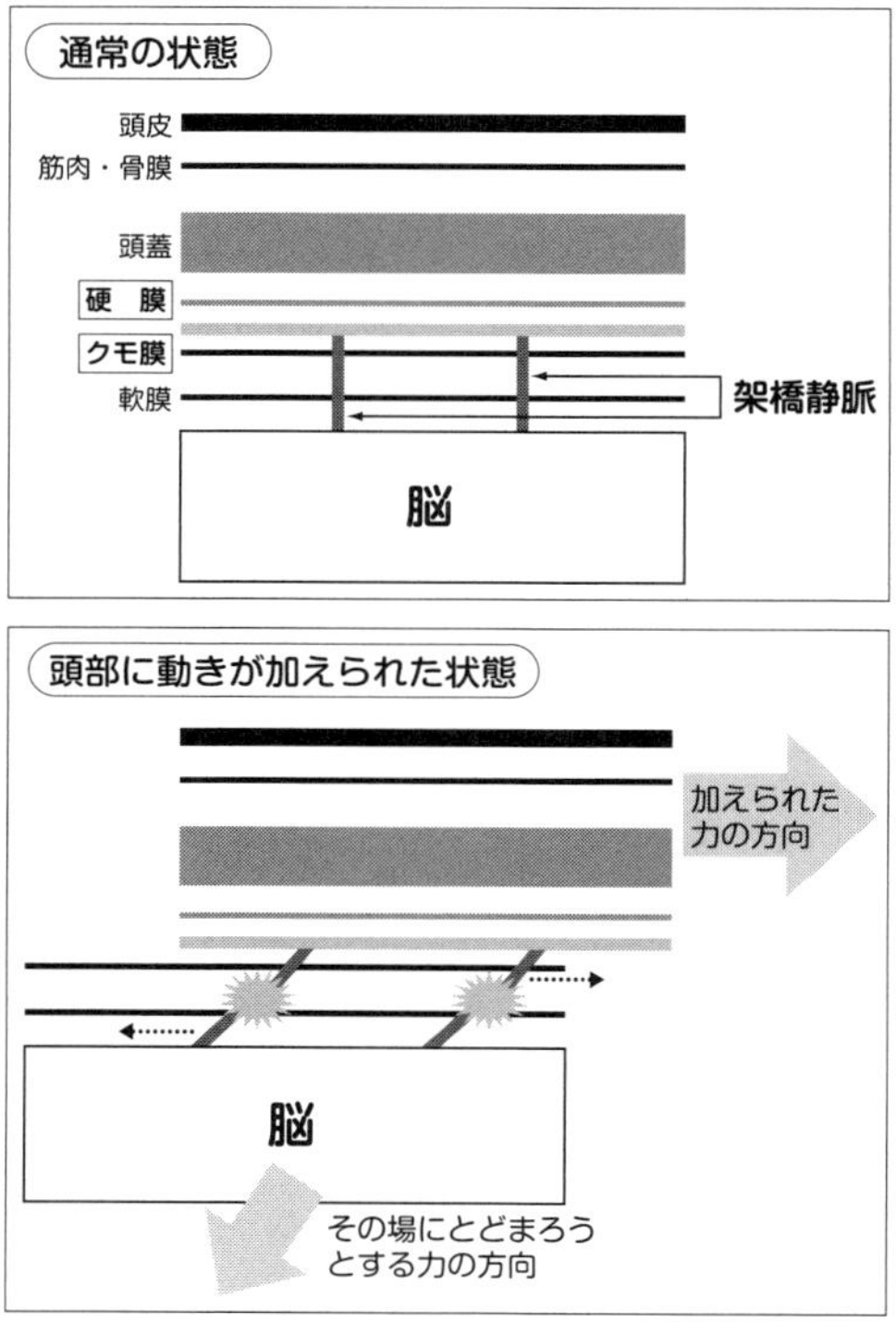

骨／硬膜と、豆腐にあたる脳表面との間は、架橋《かきょう》静脈《じょうみゃく》によって連結されている。そのため、かりに直接的な打撃が加えられていないような場合でも、こうしたずれの運動が繰り返されることで、よりたくさんの架橋静脈が引っ張られ、切れてしまうものと推測されているのである。

揺さぶられ症候群と眼の出血

また、乳幼児揺さぶられ症候群では、眼底（網膜）に出血が起こることが知られている。眼球は外壁と内容物からなっており、外壁は軟膜・クモ膜・強膜の三層構造となっている。これは脳が、軟膜・クモ膜・硬膜・頭蓋に守られているのととてもよく似た構造である。そのため、眼底の出血の原因として考えられているメカニズムをごく単純化すれば、頭部が激しく揺さぶられることで、脳と同様、眼球の外壁と内容物との間にもずれが生じ、そのため外壁と内容物との間にある血管が引き伸ばされて切れてしまうものと考えられている。

またそれ以外にも、揺さぶりによって損傷した脳が腫れることで頭蓋内の圧が高まることや、揺さぶりの際に胴体が強

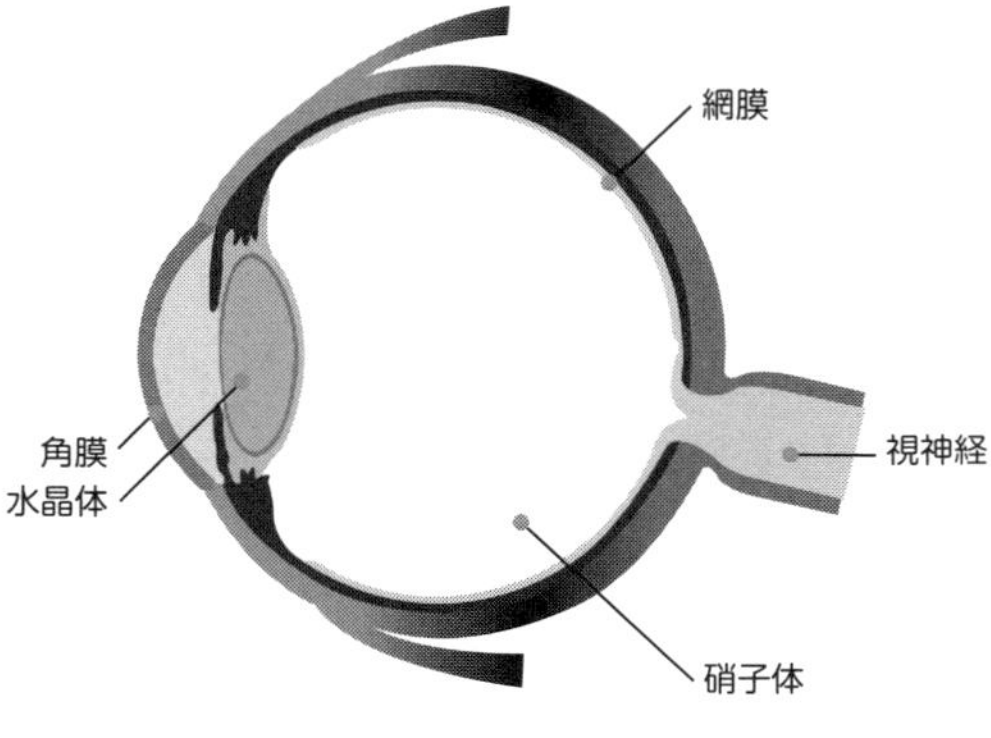

くつかまれることなどの影響によって、目の血管がうっ血し、切れてしまうことなど、さまざまな要因が示唆されてきている。

いずれにせよ、頸が据わっていない赤ん坊の頭部を揺さぶることで、未熟な脳や眼などの組織が動揺によるずれの力を受け、さまざまな障害が出てくるというものが、乳幼児揺さぶられ症候群だと考えられているのである。

なお、一般的に、あやす程度の「高い高い」では、こうした症候群は起こらないものと考えられているが、次の事例は、非常に特徴的な「高い高い」によって乳幼児揺さぶられ症候群が起こったものと、刑事裁判で認定された事例である。

【乳幼児揺さぶられ症候群だとされた事例】

生後三か月のアヤちゃんは、けいれんが止まらない状態で大学病院に救急搬送されてきた。頭部外傷を疑った医師がただちに頭部のＣＴ、ＭＲＩ検査を実施したところ、クモ膜下出血が認められ、さらに眼科医の診察によって眼底出血が確認された。

分娩《ぶんべん》時、お母さんの狭い産道を通る際、赤ちゃんの頭部が強く圧迫されることで、頭蓋内の出血や網膜の出血などが起こることが、まれにある。しかし出生時および定期健診において、アヤちゃんには、そうした異常はいっさい認められていなかったという。

主治医は、アヤちゃんの症状などから、初診時より一週間以内に、なんらかの強い外力が頭部に加わったために、これらの損傷が起きたと考えた。

そこで主治医が両親から事情をきいたところ、板金工をしている父親（二六歳）が「子どもを揺さぶっただけ」と答えた。そして母親からは、父親がアヤちゃんを空中にほうり投げていたという証言が得られた。主治医は、アヤちゃんの頭部外表にぶつけたような痕がないこと、眼底出血という、非常に特徴的な損傷が認められることから、本件を「乳幼児揺さぶられ症候群」と診断した。

その後の取り調べにおいて、父親が、アヤちゃんが生後わずか一か月の新生児であったころから、自宅アパートにおいて「あやす目的で」、向き合った状態で両脇をかかえて抱いたアヤちゃんに、回転を加えて高くほうり投げ、父親に背を向けさせた状態で受けとめ、再度同じように空中で一八〇度反転させて受けとめることを繰り返す、非常に危険な「高い高い」を日常的に行っていたと自供したという。

その後、裁判で証人として出廷した主治医は、生後一～三か月前後の、頸が据わっていない乳児に対してそうした「高い高い」を行えば、頭部に強い遠心力が加わることで、アヤちゃんにみられたような脳の障害が起こる可能性はきわめて高い、と指摘した。

また、このときの主治医の証言によれば、入院から一年以上が経過した現時点でも、アヤちゃんは自分の口で十分に食事をとることができず、鼻からの管を通して栄養や抗けいれん剤を入れている状態で、歩くことはおろか、自由に手を動かすことも困難な状態だという。そして、今後の治癒の見通しについては、「全治不明なので、場合によっては生涯通院されることになるかもしれません。

眼底出血については、今後、ものをはっきりと見て、それを識別したりできない可能性があり、立って歩くということについては、ほぼ絶望的だと思います。お母さんの介助で、口からものを食べることはできても、自分でお箸《はし》を使って食べることはたぶん一生無理だと思います」と、はっきりと供述した。

身体的虐待の後遺症

二〇〇〇年に愛徳医療福祉センターの医師らが全国六五施設の肢体不自由児を対象に行った実態調査では、虐待を受けた子どもが入所していたのは六五施設中三九施設（六〇パーセント）で、全入所児童三三一二人中、被虐待児は一四五人であったという。そして、それらの子どものうち、虐待の結果の後遺症として身体障害が生じたり障害の程度が悪化したのは五二人（三六・九パーセント）で、このうち頭部外傷後遺症が最も多く三八人だったという。他方で、日本重症児福祉協会が二〇〇一年に行った別の報告では、重症児施設入所児六一人中、虐待による脳損傷で重症心身障害児となったのは四二人（六九パーセント）で、以前から重症心身障害児で虐待があったのは八人（一三パーセント）とされている。

心身障害児の施設の中でも、虐待を受けた子どもたちは、重症の障害児施設に多く集中しているということが分かる。しかも、後者の調査によって明らかとなった、重症心身障害児のかなりの数が虐待に関連しており、さらに重症心身障害児のうち、虐待による頭部外傷を負うまでは障害がなかった子どもが七割ほどを占めているという事実には、暗澹《あんたん》たる思いになる。

本来であれば、元気に笑い、思いきり駆け回り、友だちと遊んだりしながら、のびのびと成長することのできたはずの子どもたちが、ひとえに親の無思慮による誤った行為によって、一生重い障害と闘い続ける運命を背負わされているのである。

こうした、重い障害をもつ子どもの介護を続けていく家族の大変さは計り知れず、身体的・精神的・経済的・社会的・対人関係的に、多くのストレスを経験することになるはずである。これらは、家族や個人の問題というよりも、社会的な偏見や無理解、制度的な不備によるところが大きいものといえるだろうが、いずれにしても、養育者は心を強くもちながら、さまざまな困難に対して辛抱強く向き合っていかなければならない。

先天的に障害をもって生まれた子どもの親の多くは、最初はさまざまに悩み、葛藤し、しかしいずれは子どもの障害を受容し、いのちの大切さ、かけがえのなさを学び、障害を前向きにとらえていくという、心理的なプロセスをとるようである。時間の経過とともに、「天からの特別な授かりもの」あるいは「この子は天使だ」などと感じられるようになった、幸せな家族も多くみられるようになるという。

しかし、虐待によって後遺症を負った子どもたちは、いうまでもなく、そうした困難な障害を最初から負っていたのでは、けっしてない。ここで紹介した事例では、生後わずか一か月という、非常に未熟で最も弱い状態のわが子に対して、父親がまるで人形やボールでも扱うかのように乱暴に扱い、その結果、アヤちゃんは一生介助なしでは生きられない身体になってしまったのである。また、この父親は、母親がみていないところで、アヤちゃんをふとんに投げつけるなど、頭部の外表に傷の残らないような手段で虐待を行っていたという可能性も否定できない。

生まれたばかりの赤ちゃんの柔らかい脳は、大人が思慮なく加えた暴力によって、思いがけないほどの重篤な損傷を負うということは、もっと周知される必要がある。

しかしいずれにしても、まだ本当に幼いアヤちゃんは、本来はもたなかったはずの障害を、実の父親の手によって負わされたという意識をもつことはないだろう。そして周りが、そうした残酷な事実をずっと本人に打ち明けることがなければ、アヤちゃんは自分の障害の原因について知ることなく、明るく成長することができるかもしれない。しかし、そうした事実を隠しながら介護し続ける家族の心理的な負担は、かなりのものであろうし、さらにアヤちゃんが成長するにつれ、母や介護者の献身に感謝し、障害をもつ自分が申し訳ないと口にするようになったとすれば、周囲は一体どのように応じればいいのだろうか。

身体の細胞とは異なり、脳の神経細胞がいったんダメージを受けると、ほとんどが再生できないといわれている。子どもをとりまく大人は、「泣きやまない」「いうことをきかない」などの一時的な激情や無思慮による乱暴な扱いなどによって、子どもがとり返しのつかない結果を引き受けてしまうという可能性を、絶対に過小評価してはならない。

(2) 代理ミュンヒハウゼン症候群

代理ミュンヒハウゼン症候群は、「子どもの世話をする人物、多くは母親が、本来は健康である子どもを病気であるかのように見せかけ、あるいは実際に病気にする」という、非常に特殊かつ複雑な児童虐待を指す。この奇妙な呼び名は、一九七七年にイギリスの小児科医メードゥによって命名された。この名称のもとになっているのが「ミュンヒハウゼン症候群」であり、「いくつもの医療機関を訪ねては、自分が『重大な病気である』と医師に信じこませることによって、不必要な検査や治療を受けたがる『慢性の嘘《うそ》つき患者』」に対して、一九五一年にイギリスの医師アッシャーが命名した症候群である。そして、ミュンヒハウゼン症候群の患者が「自ら」病人の役割を演じるのに対して、代理ミュンヒハウゼン症候群では、親が、自らではなく、子どもを「代理人」として病人に仕立て上げ、小児科病棟に居座《いすわ》ろうとする。

なぜ「病気にする」のか?

このような親は、なぜ、こうした不可解な行動をとるのか? 誰しもが、真っ先に考える疑問であろう。

親が子どもを「病気にする」ということによって、副次的に得られる利得や精神的満足はさまざまであり、これまでにも、さまざまな研究者が、さまざまな仮説を提唱してきている。最も一般的にいわれているのが、「『病気の子どもをもつ母親』として注目され、『子どもの看病に献身する、けなげな母親』として尊敬され、ねぎらわれ、気遣いを受けることによる情緒的な満足」である。また、医療現場が好きで、医師や看護師と関わりをもちたい、医療スタッフのようにふるまいたい、などの動機もよく指摘される。しかし、こうしたもっともらしい説明は、「子どもの身体や成長に対する無思慮、無関心」という、虐待をする親に共通する残酷で身勝手な心理を覆い隠しているように思えてならない。強調すべきは、悲劇のヒロインを演じたいのであれ、医療ドラマの華《はな》になりたいのであれ、子どもの世話が面倒になったのであれ、いずれも親の利己的な欲求のために、「子どもに苦痛を与えてもかまわない」と考えて行動している点で、他のどの虐待とも違いがないということである。

病気の子どもをもつ親には、医療者のみならず、世間の誰もが深く同情し、あたたかく思いやりに満ちた態度で接することが常である。また、病気の子どもにつき添えば、家の家事やわずらわしい雑事から逃れ、清潔であたたかな環境で、子どもと二人きりの時間をすごすことができる。一日の大半を、ベッドサイドで子どもと一緒にテレビをみてすごしてもいいし、好きな雑誌をめくりながらすごすこともできる。また、病院では、子どもの面倒な世話は医療者が手助けしてくれ、肩代わりもしてくれるのである。このように、「子どもが病気である」という状況によって、母親が得られる二次的な利得は少なくない。ただ、通常の母親であれば、そうした二次的な利得よりも、断然「子どもが健康である」という価値を最優先するはずなのだ。

医師を利用した虐待

そして、この「代理ミュンヒハウゼン症候群」という児童虐待の大きな特徴は、医療者を巻きこんでこうした虐待を行い続けるという点にある。加害者は、子どもを通じて少しでも長く病院にとどまろうとするため、「特別な患者」になるためにありとあらゆる嘘をつきながら、非常に好意的な人物として医師にとり入ろうとするのである。

親が子どもを病気にする方法としては、本当は健康であるのに「子どもがけいれんしました」「昨日から吐き続けています」などの虚偽の申告をする場合や、尿検査で採取した尿などの検体に血液や卵白などの異物を混入して、検査的な異常を偽装する場合がある。医師のほうは、自分の病状を言葉で説明できない小児の状態を正確に把握し、迅速かつ適切な治療を行うためには、どうしてもその親の説明に頼らざるを得ない。そのため医療者において、母親が嘘つきの深刻な児童虐待者だと疑うことは、ほとんど不可能であり、「親の訴えが虚偽かもしれない」などと考えていては、まともな治療的介入もできない。医師がまず最優先しなければならないのは、目の前の子どもの病状の把握とその対処であるため、医師は、「本当はありもしない」病気を想定して、不必要な検査や治療をせっせと行う羽目になるのである。

また、こうした母親は、医師を騙《だま》すだけでなく、窒息させたり、異物を飲ませたり、点滴ルートから薬品や汚物を混入するなどして、子どもを本当の「病気にする」場合もある。こうした場合、医師にとって、自然に発生した症候と意図的に作り出された症候とを識別することは、特に診断の初期の段階においては、まず不可能である。ましてや、目の前の親はとても子どもを虐待しそうにもない、立派な親にみえるのだ。さらに、長期にわたる治療的介入によって、母親は医療者との良好かつ密接な関係を築くようになり、あたかも自分が医療スタッフの一員であるかのようにふるまうようになる。そのため医療スタッフは、「こんないい母親が、まさか」と、その母親を疑うことに強い抵抗感や罪悪感を覚えることが非常に多い。

【代理ミュンヒハウゼン症候群だとされた事例】

ユカリは、短大在学中に一四歳年上の現夫と結婚した。しばらくは子どもができず、不妊治療を行ったりもした結果、三年ほどで長女を妊娠、出産し、その翌々年には次女を出産した。ユカリは、次女が三歳になるころから二世帯住宅で同居することになった舅《しゅうと》と姑《しゅうとめ》、そして娘たちに対して、よき妻、よき母親でありたいと思いつめ、ストレスを感じていた。

そうした折、次女が三歳のときに入院した際、「病院で子どもの看病に尽くす母親」としてみられたことに心地よさを感じ、さらに病院にいれば次女と二人きりの時間をすごすことができ、義父母の目から逃れられ、気づまりから逃れられるなどとも考えるようになった。そこで、「次女の点滴に水を入れれば熱が出て入院が長引くだろう」と思いつき、医師や看護師が処置で使い終わった無消毒の注射器のシリンジを用いて、水を入院中の次女の点滴回路に何度か注入した。次女はそのたびに発熱し、容態が悪化した。以降は、その原因が不明であったために治療に効果はなく、次女は最初の混入から約二か月後に死亡した。

次女が亡くなってすぐに、ユカリは三女を妊娠・出産した。そして三女が二歳のとき、次女と同じ状況で入院した際、やはり同じ方法で、汲《く》み置きの水を点滴回路に注入することを繰り返した。闘病の末、三女は二歳二か月で死亡した。

三女死亡直後ユカリは、すぐに妊娠し、四女を出産した。そして同児が生後六か月時、体重増加不良などで入院した際、やはり同様の点滴注入行為を、十数回にわたって繰り返した。そのため四女の血液中に、「水に浮いたほこりをとるため」に使ったガーゼの繊維や雑菌類が混入したことから、肺の血管内に多数の血栓《けっせん》ができ、やはり約二か月後に死亡した。

その直後、ユカリは家族の反対を押しきって妊娠、五女を出産。五女も一歳一〇か月時に発熱等で病院を受診し、ユカリの強い希望によって点滴治療が行われた。この際、ユカリは、飲み残しのスポーツドリンクを、持参していた注射器のシリンジを用いて点滴回路内に注入して血液中に真《しん》菌《きん》・異物等を混入させ、五女に敗血症を起こさせた。緊急入院後、五女はさらに容態が悪化したため、K大学病院にヘリコプターで救急搬送された。K大病院では、非常に負担と苦痛の大きい治療を受けながら、五女は容態改善と悪化を繰り返した。その後、病室でのモニター監視によって点滴への注入行為が確認されたため、あらかじめ連絡を受けていた警察官が病室に急行したところ、ユカリはシリンジをとり出して犯行を認めた。

子どもたちが受けた苦痛

本件は裁判員裁判の対象事件となり、その特異性もあって、非常に世間的な注目を集めた事件であることから、ご記憶の方も多いだろう。この事件の詳細、および母親の心理については、拙著『代理ミュンヒハウゼン症候群』（アスキー新書、二〇一〇年）において詳しく解説しているので、関心のある方はそちらを参照していただくこととして、本章では、四女・五女が受けた被害につき、それぞれの主治医の証言に焦点を当てて、「子どもを病気にする」という行為の悲惨さ・残酷さを浮き彫りにしたい。

［四女の主治医の証言］

患児は二月二二日に入院した。これは、生後六か月であるのに体重が四・七キログラムしかなく（六か月児の平均は約七・五キログラム）、肝機能を示す数値にやや異常がみられたため、その原因を検索するための入院であった。入院から一週間ほどすぎた三月一日ごろから、患児には三九度以上の発熱がみられ、いったんは解熱《げねつ》しても一日以上は持続せず、四〇度以上の熱がすぐに出るという状態が続いていた。そして、三月一五日には肺水腫《はいすいしゅ》の診断がなされた。この際患児は心拍数が毎秒二〇〇以上で咳《せき》が出ていた。さらに、体内にとりこまれている酸素濃度（ＳＰO_2）が七〇パーセント（正常で九五パーセント以上：喘息《ぜんそく》の重積発作の場合でも八〇パーセント台後半くらいだとされる）で、相当苦しそうな状態であった。それでも一週間ほどで肺水腫は改善し、呼吸・体温も安定してきた。しかし、薬を変えると状態が改善されるが、またすぐに悪化するという状態が続いたため、適切な薬剤がなかなか決められず、治療が混乱していた。翌四月になっても断続的に四〇度以上の発熱がみられ、四月二〇日には、貧血を起こすほどの大量の下血がみられた。また、四月二四日には、「血液中に存在することが医学的に説明できない」環境菌が血液培養で二種類検出され、二七日には、さらに異なった種類の細菌が二種類検出されている。そして五月ごろから、四女の状態はかなり悪くなり、心不全を起こし、気管内に挿管《そうかん》して人工呼吸器での呼吸管理を行ったものの、心拍数が減少し、ほどなく死亡した。

【五女の主治医の証言】

患児は、一二月二日にG大病院からヘリで搬送されてきた。まぶたや顔がむくみ、うなったり泣いたりするような状態で、みるからに重症感があった。この際の患児は敗血症とＤＩＣ（播種《はしゅ》性血管内凝固《ぎょうこ》症候群＝血管内で小さな血栓がたくさんできることにより、血小板《けっしょうばん》や凝固因子が消費され、出血傾向を来たした非常に危険な状態。敗血症が原因）を発症しており、生命に危険のある状態であったため、ただちに集中治療室（ＩＣＵ）に入れられ、同月四日には交換輸血が行われた。これは、血液内の異物をとり除くために、ゆっくりと患者から血を抜きながら、同時に輸血用血液を入れ、全身の血液をそっくり入れ替えるという、かなり身体への負担の大きい治療である。予期せぬ感染症などの副作用や、麻酔による沈静処置、免疫が適合しないリスク、心臓にかなりの負担がかかることなどから、小さな子どもにはできればしたくない処置であった。しかし、抗生剤投与などの手を尽くしても「とてもこの子は助からない」と判断したため、やむなく実施した。翌五日には鎖骨下静脈に手術的に中心静脈カテーテルを留置した。同月七日には、患児は呼吸状態が悪化し、胸水や腹水がたまって肺炎の状態となり、マスクでの酸素投与では追いつかず、直接気管内挿管を行って人工呼吸器を装着した。この間患児は、中心静脈カテーテルと胃チューブから少しずつ栄養を補給している状態であった。

九日には全身状態が安定し、翌日、人工呼吸器が外された。しかし、翌一一日の母親の面会中にまた容態が悪化し、三九度台の発熱がみられた。翌一二日の朝には、体温は三六度台にまで落ちたが、二〇時ごろに熱はまた三九度台にまで上がり、身震いや意識レベルの低下、脈拍毎分二一〇、上の血圧が八〇以下で、脳に酸素がいかなくなったことによる不穏状態、すなわち暴れたりする状態が出現した。

患児は、明らかに母親の面会の後に具合が悪くなっていたため、同日中に医療安全管理室を通じて警察に通報がなされた。

同月一七日ごろ、患児の状態が落ち着いてきていたので、一二月二一日、母親に退院が決定したことを告げた。しかし翌二二日二一時ごろ、やはり母親の面会直後に高熱を出した。またこの際、これまでの臨床経験では見たこともない珍しいグラム陽性菌が血液中に検出された。このときは抗生剤にしっかり反応し、翌二三日の朝には熱は三六度まで下がった。しかし、同日二一時ごろにはやはり三九度台の熱が出て、点滴フィルターから三種類の細菌が検出された。

蟻《あり》地獄のような身体的虐待

四女と五女は、それぞれ一歳未満と二歳未満の、非常に小さい子どもである。こうした小さな子どもに対して、母親が、高熱、深刻な呼吸困難、それに伴う検査や治療などの苦痛を、繰り返し、執拗に与え続けていたのである。代理ミュンヒハウゼン症候群は、単純に親が子どもを殴ったり揺さぶったりする虐待と比べ、より暴力的でない虐待だという印象をもたれることが少なくないが、子どもの小さな身体が受ける、終わりのない苦痛と、それに付随する蟻地獄のような医学的処置との悪循環とをみると、きわめて悲惨な身体的虐待であることが分かるだろう。

そして、子どもたちが受けた壮絶な苦しみとは対照的に、親の動機は「日常生活からの逃避」という、拍子抜けするほど瑣末《さまつ》なものである。こうしたことからも、代理ミュンヒハウゼン症候群の母親のほとんどは、子どもを自分の持ち物とみなし、自分の欲求を満たすための道具としか考えていないものとみなさざるを得ない。こうした母親は、「自分は子どもを愛している」と本気で思っているようであるが、それは子への愛情などではけっしてなく、いびつで歪《ゆが》んだ自己愛にほかならない。母親は子どもを完全に「自分の一部」とみなしているため、自分の精神的な「苦しみ」を子どもに表現させることを「悪いこと」とは思わない。そして、苦しむ子どもを癒すことで、同時に自分を癒すという、姑息《こそく》で歪んだ愛情表現が行われるのである。

なお、この事例のみならず、この種類の虐待では「代理ミュンヒハウゼン症候群」という名称ばかりに人々の耳目が奪われ、その結果、母親の心理ばかりがとりざたされ、「子どもたちになにが起こったか」ということについてはあまり注目されないという傾向がある。しかし、児童虐待で最も重要なのは、親の特徴ではなく、なによりも子どもの受けた身体的・精神的な傷を正確に査定し、援助者が一刻も早く適切な介入を行うことだということを、どうか心に留めていただきたいと思う。

4章 「ネグレクト」という虐待

ネグレクト（neglect）とは、『ジーニアス英和辞典』（大修館書店）によれば、「1 （義務などの）無視、軽視：ほうっておくこと、放置：怠慢：不注意：無関心。／2 ほうっておかれること。世話されないこと」とされている。そして、「ネグレクト」という言葉が子どもに対して用いられる場合、わが国では「養育放棄」や「育児の怠慢」などと訳される。身体的虐待のように、「けが」や「やけど」「あざ」など、身体に明らかな痕跡を残すことのないネグレクトは、医療者や援助者、研究者においても、正確な事実が把握しにくいために、あまり注目されてこなかった。

しかしわが国でも最近、当時三歳と一歳だった子どもたちを、勤務する風俗店の寮の一室に置き去りにした若い母親が、部屋に一か月以上戻らず、二人の子どもを餓死《がし》／衰弱死させたという痛ましい事件が大きく報道されたことをきっかけにして、「ネグレクト」という虐待が注目され始めている。この母親は夫との離婚後、一人で子育てをしていたが、やがて夜遊びにのめりこむようになり、「子どもがいなければ好き放題遊べる。ご飯を食べさせたり、風呂に入れるのがイヤだった。自由でいたかった」という理由で子どもを放置したという。

このような最悪の結果となった事件の陰で、ネグレクトはたくさん起きている。厚労省によると、二〇〇八年度に全国の児童相談所に寄せられた虐待相談四万二六六四件のうち、ネグレクトは一万五九〇五件（三七パーセント）で、一九九九年度と比べて約四・六倍に増えたとされており、さらに同年に児童虐待（心中を除く）で死亡した六七人のうち、ネグレクトを受けていたのは一二人であったと報告されている。

ネグレクトが「発見されにくい虐待」だと考えた場合、発見されるネグレクトのケースは、身体的な虐待をあわせて受けている場合が圧倒的に多く、それ以外では、子どもの栄養・衛生状態が目にみえて悪い、子どもの泣き声がひっきりなしにきこえている、小さな子どもが一人で徘徊《はいかい》しているなどの、明らかに異常が分かる事例に限られるだろう。そして、子どもをネグレクトする親は、他者の目から子どもを隠したがる傾向があることを考えると、ここでの数字は、実際に起こっている事例のうち、ごくごく一部だと考えることができそうである。

ネグレクトの定義

児童虐待防止法では、ネグレクトを、児童の心身の正常な発達を妨げるような著しい減食または長時間の放置、保護者によって行われている虐待を保護者以外の同居人が放置すること、その他保護者としての監護を著しく怠ること、だと規定している。

ネグレクトの定義としては、ポランスキーとハリーによる定義「子どもに対して責任を負っている養育者が、故意に、あるいは常識を超えた配慮の不足によって、大人が援助すれば避けることができる危険に子どもをさらすこと。次に、子どもの身体的、知的、情緒的な能力の発達に不可欠であると考えられているものを子どもに提供しないこと」というものが、いちばん的確なものだと思われる。

ネグレクトの類型としては、次のようなものがある。

①栄養ネグレクト……子どもの成長に適した種類や量、適切なタイミングで食事などの栄養を与えることを怠ること。泣いてもミルクを与えないことや、お菓子やパン、インスタント食品だけを与えること、気が向けば好きなだけ食べ物を与えるが、気が向かなければ与えないことなどである。こうした子どもには典型的に食べ物に対する異常な執着がみられ、吐くまで食べ続けたり、食べ終わっていないのにお代わりを求めること、食べ物を隠しておいたり、食べ物以外のものを

食べる異食などの、異常な食行動を伴うことが知られている。

②情緒的ネグレクト……子どもにとって必要な情緒的関わりをしないこと。子どもの甘えや接触欲求などに応えない。抱っこせず、ただ哺乳瓶を支えてやるだけの方法で授乳したり、子どもの目をみることなく、ただ機械的にオムツを替える。子どもに話しかける代わりに、テレビをつけたまま外出するなど。親とのこうした不適切な関わりは、子どもの心に大きなダメージを与え、成長後にも広範囲で深刻な精神・情緒・行動上の障害を残すことが知られている。

③衣服ネグレクト……気候や天候に合った衣服を着せないことや、体格にそぐわない衣服、ぼろぼろの衣服など、不適当な衣服を着用させ続けることなど。適切な外見を保障されることが他者との対等なコミュニケーションの基盤となり、社会との関わりの中で大切なことになるということに、配慮しないのである。

④衛生ネグレクト……入浴させない、オムツを替えない、洗濯しない服を着用させ続ける、歯磨きをさせない、爪や髪の毛が伸び放題、不潔な部屋に置いておく、など。

⑤環境ネグレクト……子どもにとって危険となる場所に子どもを置いておくこと。子どもの手の届く範囲に危険なものや有害なものを置いたまま、放置していること。

⑥監督ネグレクト……子どもの安全を守るために必要な監督を怠ること。子どもが道路に飛び出したり、高いところや不安定な場所に登ったり、刃物など危険なものを使って遊んでいたり、他人に迷惑や危害を与えるようなふるまいをしているのを放置したりする。子どもが夜間出歩いても

意に介さない、子どもを一人きり、あるいは小さいきょうだいのみで、家や屋外、車の中などに長時間放置しておくこと。

⑦保健ネグレクト……予防接種や乳幼児健診などを受けさせないこと。子どもの発育の遅れや栄養不良、身体的虐待を指摘されることを恐れて連れて行かない場合もあるが、「面倒くさい」「必要ない」など、行政や地域社会とのつながりをもつ意欲そのものが親にない場合もある。

⑧医療ネグレクト……必要な医療や療育を受けさせないこと。投薬や栄養などについての医師の指示に従わないこと。

⑨技能訓練のネグレクト……能力を伸ばす適切な働きかけを行わないため、年齢に応じた運動能力やスキルが身につかない。たとえば、排泄《はいせつ》訓練をさせないことで、小学生になってもオムツから離れることができない。スプーンの使い方を教えられなかったため、五歳になっても手づかみで食べ物を口に運んでいる。積極的に話しかけなかったため、三歳になっても、ほとんど言葉をしゃべることができない、など。

⑩教育ネグレクト……子どもを学校に行かせないこと。家事や、より小さなきょうだいの世話をさせるために、子どもを学校に行かせていなかった親や、学校の校長や教師などが気に入らないとして、名指しで「転勤させない限りは、子どもを学校に行かせない」などと主張していた親もいる。

発育不全／成長障害

親が、乳幼児の必要としている栄養的および情緒的なニーズを満たすことができない場合、乳幼児が発育不全となるリスクは高い。これは、親の側にそうした能力や財力が決定的に欠けている場合や、過失による場合、無関心や怠慢の場合、故意による場合など、親の認識にもいろいろな段階があり、さらには子どもの側に器質的な問題（たとえば、消化吸収不良や先天性の代謝障害、内分泌障害など）や、その他の情緒的な問題がある場合など、さまざまな原因が複雑に絡み合っていることが少なくない。

そして子どもたちは、決められた回数、決められた量の栄養をただ与えられさえすれば、正常に発育するというわけではない。こうした事実を実証しようという初期の試みにおいて、多くの研究者たちが、孤児院などで育てられる「親のいない子ども」たちは、親に育てられた子どもと比較して、身体的・精神的な発達が遅いという事実に注目した。子どもの成長障害研究の第一人者であるドロタ・イワニエクによる『情緒的虐待／ネグレクトを受けた子ども』（明石書店、二〇〇三年）の中から、初期の研究で得られた知見の一部を紹介しよう。

一九四〇年代、スピッツは、孤児院で育てられた子どもたちの、二歳になるまでの非常に高い死亡率（三七パーセント）に注目し、この原因は、環境からの刺激と母親の養育を受けなかったためであると結論づけた。母親から適切に育てられなかった子どもは、環境的刺激に対する関心に乏しく、認知発達障害、身体的成長障害、不眠、絶望、抑うつ傾向などがみられたのである。

ウィドースンは、第二次世界大戦直後にドイツの二か所の孤児院に収容されていた子どもたちを対象として、一方の孤児院の子どもには体重を迅速に増加させる栄養補助食を与え、もう一方の孤児院の子どもにはそれを与えず、半年後に両者の成長率を比較するという調査研究を行った。その結果は、予想に反して、栄養補助食を与えなかった孤児院の子どもたちの成長が早いというものであった。その後、栄養補助食を与え始めた時期に、この二つの孤児院の寮母が入れ替わっていたことが判明した。栄養補助食を与えられた孤児院の寮母は、とげとげしく、食事の最中に子どもたちを叱る人物で、他方の寮母は思いやりのある人物だったという。

モンタギューは、第二次大戦前、ドイツのある病院を訪問した一人のアメリカ人医師の興味深い体験談を紹介している。医師が病棟を見学しているとき、栄養不良の赤ん坊を背負っている大昔の魔女のような女性に気づき、案内係に何者かと尋ねた。「アンナばあさん」と呼ばれるその女性に、医学的に手を尽くしても成長障害が改善されない赤ん坊を委ねると、必ずその子どもを元気にするのだという。このアンナばあさんが行っていたのは、魔術ではない。赤ん坊をやさしく揺り動かし、抱っこし、おんぶし、話しかけ、心のこもったやさしいまなざしを注ぐという、素朴だが愛情に満ちた養育であり、こうした養育を受けることによって、瀕死《ひんし》の状態にいた赤ん坊が生きる力をとり戻し、劇的に回復していたのだ。

情緒的ネグレクト

成長障害の状態となった子どもたちの多くには、先に挙げた一〇類型のネグレクト（九七ページ）のいずれかを受けている可能性が考慮されることになるが、ほとんどのネグレクト事例では、②の「情緒的ネグレクト」を伴っているものと考えることができるだろう。先の三つの研究結果からも分かるように、子どもにただ食べ物や治療を与え、情緒的な関わりをもたなかった場合、その子どもの成長は停滞してしまう。単なる「食べさせる」という行為や、「病気を治す」という行為そのものが、情緒的なエネルギーに替わることはないからである。そして情緒的ネグレクトを受けた子どもが、もし身体的に成長することができたとしても、多くの場合は「生きる力」をもたないままとなってしまうと考えられている。

赤ちゃんは、生まれた瞬間から長い月日を他者に頼って生きていかなければならない。そのため、赤ちゃんは「信頼できる他者に自分を委ねてもいいのだ」ということを知る必要がある。赤ちゃんが求めるニーズが適切に満たされることで、赤ちゃんは外界に基本的な信頼感をもつことができ、「安心して、育ってもいいんだ。生きていてもいいんだ」という、生きるために最も基本的かつ重要な自信をもつことができるのだ。

乳幼児がお座りやハイハイ、歩く、話すなどの基礎的なスキルを発達させるためには、こうした環境への信頼感が必要不可欠である。乳幼児は、こうした信頼感が親との間で維持されているかを、絶えず確かめる行動をとる。親は、赤ちゃんからのこうしたサインに適切に反応し、適度な刺激を与え続けなければならない。こうした気の遠くなるような親子の相互作用から、子どもは親が信頼できる存在だと知り、親が与えるいろいろな訓練や禁止に従うことが当然であると考え、やがて外の世界に羽ばたく準備ができるようになる。「育てやすい子ども」になるか否かということには、出生したごく初期（生後三か月くらいまで）に、親が子どもにどれだけの快感や安心感をもたらしたかということが大きく関わってくるともいわれている。

親からこうした基本的な安心感を安定して与えられなかった子どもは、多くの場合、まったくの無気力・無反応状態か、不連続で不安定な感情をもつようになるという。適切に他者との愛着関係を結ぶ基本的スキルを身につけることができなかったために、無差別的に他者にべたべたとまとわりついたり、逆に他者を無視したり、目を合わせないような行動をとることもある。

次は、かつて筆者がかけだしの研究者だったころ、調査のためにある地方の児童福祉施設に行き、実際に経験した事例である。

九歳の男の子。身体が小さく、小学校一年生くらいにみえた。その子は、虐待を受け、親から遺棄されたために、二年ほど前からこの施設で生活しているという。職員が筆者を子どもたちに紹介した直後から、その子はやたらと話しかけてきて、まとわりついてきた。会話の中で「オレ、ママに捨てられたんだ」などと、驚くようなことを口にしてけろりとしていたが、そうすることで、訪問者の気を引こうとしているようにもみえた。その子は手を握ってきたり身体をすり寄せたりと、その年代の男の子にしては不自然なほど、あまりにも開けっぴろげにスキンシップを求めてきた。他の子どもに関心が向けられそうになると、あからさまに気を引こうとし、常に自分だけに関心を注いでもらいたいようだった。

しばらくその施設で時間をすごし、お別れの時間になった。するとその子は泣きわめき、筆者の腕にしがみつき、「行っちゃイヤだ！　泊まって行って！　明日一緒に朝ごはんを食べよう！」と、まったく周りの目を気にすることなく哀願した。施設の職員がその子を引き離したが、その子の一途で切実な気持ちに、身を切られるような思いで施設を後にした。まるで、母親がその子を捨てた場面を再現しているかのような、とても苦しい気持ちになったのである。翌日には別の施設に行くことになっていたが、横浜に帰る前になんとか時間を作って、再度その子に会いに行き、きちんとお別れをいって、笑顔で別れなければと思った。

そして二日後、施設のみんなのためのお菓子を買ってその施設を訪問したが、その子は筆者をちらりとみただけで、寄ってこようとはしなかった。施設の職員に促されて連れてこられても、まったく無関心なようにみえ、早く自分の遊びに戻りたがっているようだった。

筆者は恐る恐る、職員に「あの子を傷つけてしまったのでしょうか」ときいてみた。するとその職員は、「あの子は、どんな人に対してもああなんです。人に対して持続的な関心をもつことが、まだできないんです」と説明してくれた。

愛されない子ども、愛せない大人

児童虐待の問題を扱ううち、こうした対人関係のパターンは、虐待を受けた子どもに非常に典型的なものだということが身にしみて分かってきたのであるが、当時の筆者は、あまりにも現場を知らなすぎたのである。つまり、こうした子どもたちは、他者と安定した人間関係を結ぶことなど考えられず、「いま現在の」衝動や欲求を満足させることを一刻も待てないという、深刻な情緒不安定状態を呈していることが少なくない。こうした子どもたちには、「いま」しかない。「いま」目の前の他者が自分に関心を払ってくれることが必要なのであって、「これからもずっと」「次もまた同じように」という、未来の保証が信じられない。これは、幼少時から欲求が適切に満たされることなく、非常に気まぐれに、場合によっては偶然にしか報酬が与えられてこなかったために、他者、つまり社会は不安定なもので、信頼できないという信念が植えつけられてしまったのである。

また、適切で一貫した愛情が与えられてこなかった子どもは、「信頼できる人」と「信頼できない人」とを見分けることができない。それゆえ、人を「愛する」とはどういうことなのかを、実感を伴って理解することが、長期にわたって困難となることが少なくない。

そのため、このような子どもたちのうち、「生きる力のある」子どもは、成長するにつれ、あらゆる対人関係の努力を、「他人をどうコントロールするか」という方向に向けがちである。どうすれば適切に自分の欲求を満たすことができるかを、信頼できる他者から学ぶ機会がなかったために、人をだましたり、脅したり、泣き落としたり、性的なアピールをしたり、彼らはさまざまな行動を試しながら、自分で「学習していく」しかなかったのである。そのため、非常に傲慢《ごうまん》で歪んだ考え方で、他者をふり回す大人になることがある。

対して、「生きる力に乏しい」子どもは、成長するにつれ、どんなに理不尽でも、自分の行動をはっきりと決定してくれ、「生きる目的」を与えてくれる相手に依存する傾向がある。こうした人物は、たとえ殴られても、罵倒《ばとう》されても、軽蔑《けいべつ》されても、搾取《さくしゅ》されても、自分のそばにいてくれ、自分がなにをすべきかを指示してくれる人物に身を委ねることで、自分の人生になんらかの意味づけをしてもらおうとする傾向がある。

虐待する親にみられる一つの心理パターン

そして、かつて虐待を受けた「生きる力のある」男性と、かつて同じような経験をして「生きる力に乏しい」女性とが情緒的に依存し合い、肉体的なつながりのみを当てにして、互いを「愛することと」の実感を欠いたまま、やがて子どもができたという場合を、例として考えてみよう。

このように、パートナーから確実な「愛情」という実感を得られない二人は、赤ちゃんがそうしたものを運んでくれるものだと思いこむかもしれない。そして、家族からのあたたかな愛情にあふれた世話を経験していない彼らは、やがて生まれてきた赤ちゃんに、非現実的な期待をする。泣かない、臭い便をしない、親に甘えない、依存しない、親のいうことをききわける……。このようなばかげた期待は、当然裏切られる運命にある。そうした場合、未熟な親は、ちっとも思い通りにならない子どもをたたいたり、無視したりしても、それが自分のせいではなく、「子どものせいだ」と信じて疑わない傾向がある。さらに、こうした親は「愛して欲しいなら、愛される価値のある人間になれ」というメッセージを、生まれてきたばかりの無力な赤ん坊に容赦なくぶつけがちである。

そして、そうした子育てこそ、自分が親から受けてきた不適切な子育てそのものだと気づいたとしても、それを自分の「生きづらさ」と関連づけることはできず、漠然と「自分もこうやって育ってきた」と自己正当化するだけかもしれない。そのため、わが子がいままさにこの瞬間から、自分と同じく生きづらい人生を背負おうとしていることにも、ついに気づくことができない――。

こうしたパターンが、最近のネグレクトや虐待事例において、非常に目立ってきている印象がある。

【三歳女児餓死事件】

この事件は、二〇〇〇年一二月に発覚し、世間に衝撃を与えた事件である。事件の詳細は、杉山春『ネグレクト』（小学館、二〇〇四年）から引用する（当事者の仮名も同書による）。

三歳になったばかりの真奈ちゃんは、二〇日間近くも段ボールの中に入れられ、ほとんど食事を与えられず、ミイラのようになって死んだ。両親はともに二一歳。真奈ちゃんの死亡時の身長八九センチメートルは三歳女児としてはほぼ平均的であったが、体重は標準値とされる体重の四割に満たない五キログラムしかなかった。オムツは糞尿《ふんにょう》でふくれあがり、腰から太ももあたりまでが便にまみれ、強い悪臭を放っていた。皮下脂肪は失われ、頬はこけていた。

真奈ちゃんは、生後一〇か月時に硬膜下血腫、硬膜外血腫、脳挫傷という重傷を負って入院し、脳外科手術を受けた。退院後、真奈ちゃんはききわけがなくなり、わがままになって甘えやいたずらがひどくなった。若い父親の智則は、真奈ちゃんがいたずらをするたびにたたくようになり、やがては相手をしなくなった。このころから、真奈ちゃんの表情から笑顔が消えた。

一歳半検診で、真奈ちゃんは全体的に発達が遅れていることが指摘された。体格は小さいながら正常範囲だったが、歩けない。保健師の呼びかけには応じず、発語がなかった。智則も妻の雅美も、真奈ちゃんに「恥をかかされた」と思った。

真奈ちゃんの発達の遅れに気づいてから一か月あまり後に、雅美は長男を出産した。両親の関心が長男に向かったため、真奈ちゃんは寝ている弟をたたいたり、目に指を突っこもうとしたり、いたずらをして両親の関心を引こうとした。そのため、真奈ちゃんがいたずらをしないように、日当たりの悪い三畳間に入れ、ベビーゲート（幼児用の仕切り）を置いて閉じこめ、放置するようになったのが二〇〇〇年七月ごろからのことだった。

このころからしだいに雅美は真奈ちゃんに三度の食事を作ることが億劫《おっくう》になり、朝食か昼食のどちらかにパンとミルク、夕食には幼児用の茶碗にご飯を入れて、みそ汁、卵、ベビーフードのレトルト食品などをかける、ぶっかけ飯を与えるようになった。三畳間にただ差し入れるだけの食事。真奈ちゃんはしだいに食事を残すようになり、目にみえて痩せ始めた。そのため、雅美は、一日に一回ぶっかけ飯か、スティックパン二本にミルクと、与える食べ物の量を減らした。しかし、それすら真奈ちゃんは残すようになっていた。

他方で智則は、機械保守の仕事に没頭しており、家にいる時間のほとんどは、好きなゲームに興じてすごし、育児にはまったく無関心であった。そしてこのころには雅美は、裁判中に生むことになる、三人めの子どもを妊娠していた。

ある日、真奈ちゃんが大量のしょうゆを三畳間のカーペットと米びつの中にこぼしたことをきっかけに、段ボール箱に閉じこめられるようになった。一二月に入ると、真奈ちゃんは段ボールの中で「ひーひー」という、甲高い金属音のような声で泣くようになっていた。これは、餓死する子どものの末期に特有のものだという。智則は、一二月四日に耳栓を購入している。そして一二月一〇日、段ボールで餓死している真奈ちゃんが発見されたのである。

親から子へ、子から孫へ

実は、この若い夫婦は、いずれも幼いころから、非常に問題の多い育児環境の中で育ってきていた。どちらの家庭でも実父にギャンブル癖があり、幼いきょうだいたちは不安定でギリギリの生活を余儀なくされ、両親はやがて離婚している。雅美の母親は、自身も幼い子どもたちの世話を放棄していたため、娘夫婦の不適切な子育て方法に危機感をもつことができなかったようである。対して、智則の母親は、夫との離婚後、女手一つで智則と妹を育て上げたが、子どもを体罰で抑圧して「いい子」に育つことを強いる、暴君のような母親であったという。

こうした幼少期の過酷な生活の中で、親からの十分な愛情や適切な配慮を与えられた経験をもたず、そのため他者との信頼関係を築くスキルを身につけられないままに成長した、似た境遇をもつ孤独な男女が、吸い寄せられるようにお互いを求めたのである。そして彼らが子どもを授かったときには、わが子への適切な愛情の注ぎ方、世話の仕方が分からず、同時に親を頼ることもできなかったようである。

虐待研究の第一人者であるコロラド大学医学部精神科名誉教授のスティールは、『虐待された子ども』（M・E・ヘルファ編／社会福祉法人子どもの虐待防止センター監修／坂井聖二監訳、明石書店、二〇〇三年）において、「子どもに共感する気持ちの存在は、親から子どもへの健全な育児が伝えられていくために不可欠な要素であり、逆に共感の不在こそ、虐待の世代間連鎖の決定的な要因」

だと記している。そして、このときに親、特に母親が潜在的にもっている自分の子どもとの絆を結ぶ能力や、子どもに共感をもって接することができる力は、それまでの母親の人生経験全体と重要な関係があり、「母親が自分の母親にどのような愛着をもっていたのか」という人生早期の体験から、「妊娠してから出産するまで」というつい最近の体験までのすべてが、その能力に関係しているとする。そして、彼によれば、ネグレクトという現象の本質は、「養育者の子どもへの共感と子どもへの愛情が決定的に不足していたために発生した事態」だということになる。そこでとり上げられていた例の一つを紹介しよう。

赤ちゃんが親から食べ物をスプーンで食べさせてもらい、やがて自ら手づかみで、次にスプーンで食べ物を食べることを覚える。そのうち子どもは、持ち前のやさしさで、自分がしてもらったことを親に返そうと「あーん」といいながら親の口に食べ物を入れようとする。たいていの親は、わが子のこのような行動を喜びながら食べさせてもらうのが普通である。しかし、子どもをネグレクトする傾向をもつ親にとっては、子どもが差し出す食べ物は不潔で気持ち悪いものに思えるようなのだ。このため、それを拒絶したり、差し出した子どもの手をたたいてしまうという。このような場合、やさしい親の真似をして、わが子を気遣う親と同一化しようという子どもの試みは達成されないまま、歪んだ記憶として子どもの心に刻みつけられる。こうした経験を繰り返した場合、子ども自身の芽生え始めたばかりの「他人に共感するという感情」が活力を失って枯れてしまい、最終的には子ども自身の「行動原理」、つまり自らが親になった際の対応能力に影響してしまうのである。

「未熟な」親

イギリスの「全国児童虐待防止協会」が刊行している『児童虐待防止ハンドブック』（医学書院、一九九五年）では、虐待をする親をいくつかのタイプに分けているが、ネグレクトを行う親たちは、そのなかでも「未熟な」親として分類されるタイプと一致する部分が少なくない印象である。

「未熟な」親……両親とも（虐待／ネグレクトに）関与しているだろう。彼らは若年で、最初の子どもの場合が多い。親の多くは人格がひどく未熟で、虐待された成育歴をもち、しばしば施設で育っている。多くは、似通った年齢と境遇に育った相手と結婚することで、不幸な過去から「逃げ出そう」とする。また、安定につながると思い、すぐに妊娠する。子どもが自分になにかをしてくれるだろうと大きな期待をもち、現実の育児についてはほとんど考えていない。「結婚」に対して、ロマンティックな愛や安定、親になることを求めるが、その多くは孤立し、大人の世界とは「抗戦中」である。親になるにはあまりにも未熟で、彼らはいつも赤ちゃんから束縛されていると感じている。

かなり辛辣《しんらつ》な分析ではあるが、そこには救いもある。同ハンドブックでは、こうした親の「予後」として、「経過は変動的だが、第二子からは好転するだろう。鍵となるのは両親が発達し、成熟するために必要な時間である」と分析する。実際、真奈ちゃんに弟が生まれると、この父母は、客観的には不適切な育児方法でこそあったものの、弟だけはかわいがることができたようである。

こうした「未熟な」親たちにとって、赤ちゃんはほとんど未知の生物であったかもしれないが、弟/妹であれば、兄/姉のときに経験した出来事をほぼ再現してくれるために、その行動にはある程度予測がつき、そのために育児に余裕が出てくることが期待できるのだ。

しかし、同マニュアルではさらに、親の成熟のためには「二年以上はかかるので、第一子の赤ちゃんは保護か、里子に出すほうがいいだろう」と、親としての基本的なスキルを身につけることは容易ではないことを強調しており、援助者のすべての努力は親の成熟への援助に向け、再び親になる準備ができるまでは避妊を勧めるべきだとしている。

こうした提言は過激に映るかもしれないが、援助者が未熟な親というリスクに気づき、妊娠・出産の早期から手助けを行うことで、事態が改善され得るのだと理解すべきだろう。

【母のホスト遊びの間に、ホテルに放置された乳児】

二一歳の藍子《あいこ》は、父親が不詳の赤ん坊を妊娠し、母親となる十分な心構えのできないまま、女の子ユキちゃんを出産した。そして、出産の翌月、年の離れた夫と結婚し、夫とユキちゃんは養子縁組をし、約二か月後に親子三人での暮らしを始めた。

藍子は、ユキちゃんがときおり泣きやまなかったことから、いらいらした気持ちをつのらせ、ユキちゃんの身体をたたいたり口をふさいだりしたことがあった。そして藍子は、育児のストレスや夫との結婚生活の退屈さによる不満から、同居から一か月も経たないうちにユキちゃんを連れて家出し、都会に出てホテルに宿泊するようになった。その間、藍子は、ユキちゃんをホテル室内に残したまま、ホストクラブ通いを始めた。

藍子は家出四日めころからユキちゃんを「邪魔だ、育児が面倒くさい、足手まといだ」などと考えるようになり、ミルク等の飲食物をいっさい与えなくなった。さらにユキちゃんはおむつ交換も入浴もされておらず、悪臭を放っていたが、藍子は発覚を防ぐため、清掃員の入室を拒絶したり、悪臭を香水でごまかしたり、テレビの音量を上げて泣き声をかき消したりしていた。

ミルクを絶たれてから五日目の朝、藍子がホスト遊びから帰ると、ユキちゃんの顔色が青白く、唇が紫色で、苦しんでいたため、急に怖くなり、あわてて哺乳瓶をくわえさせたものの、ユキちゃんはほとんど飲むことができなかった。そのため藍子は、「ユキはもうすぐ死ぬだろう」と思い、あきらめてそのまま眠ってしまった。藍子が午後四時ごろに起きると、ユキちゃんは死んでいた。

そして藍子は，ユキちゃんの死体を弔うでもなく、隣接するビルの地下一階通路まで運び、そのままベビーカーごと放置した。そして、それにとどまらず、その後も平然とホスト遊びを続けていたのである。

その後逮捕された藍子は、警察および裁判所で「ミルクを与えなければどうなるか、分からなかった」などと供述した。


ネグレクトや虐待をする親の問題として、アルコールや薬物、恋愛や買い物などに至るまで、さまざまな依存症の存在が指摘されることが少なくない。このケースでは、まだ遊びたい盛りの若い母親が、ホスト遊びから抜け出せなくなり、ネグレクトを深刻化させている。

ある程度は子どもをきちんと養育していたシングルマザーの母親が、出会い系サイトにはまってしまい、育児そっちのけで異性とのメール交換に熱中していたり、子どもの存在を隠したまま交際を開始するという例もよくきかれる。このような状況においては、恋愛成就のために子どもが邪魔になってくるということは、まず目にみえている。

ある若いシングルマザーのケースでは、生活のために始めたスナック勤めが楽しくなり、やがて仕事が終わった後も朝まで飲み歩くようになり、朝帰りした母にすがりついてくる一歳と三歳の子どもにコンビニ弁当を渡すや、すぐさま自分の部屋に閉じこもってしまい、夕方の出勤時間まで部屋を出ることなく、子どもとの接触を極力避けるという生活を続けていた。

また、三歳の娘を連れて出会い系サイトで知り合った男に会いに行き、その足でラブホテルに宿泊し、娘の目の前で性的関係を結んでいたというケースもある。この母親も、男との恋愛に夢中になるあまり、やがて娘に愛情を注げなくなっていった。

かなり以前に筆者が関わったあるケースでは、離婚後、三人の子どもを生活保護で養育していた母親が、育児や異性関係によるストレスから、インターネットでの通信販売にのめりこんでしまい、カードの支払い限度額を超え、家計費がなくなっても、ブランド品や装飾品などを買い続け、部屋の中は宅配便の荷物だらけの状態であった。

このように、ネグレクトや虐待をする親の中には、子どもの生活よりも自分の欲求を優先してしまい、結果的に子どもの養育が億劫になったり、負担になったりするという例が多くみられる。これは、愛情欲求や依存欲求を満たされなかった親自身の心の傷や虚しさの感覚を、なんらかの代替品に熱中することで埋めようとする、依存症全般に共通する心理であると考えられる。

妊娠期の問題

世代間連鎖の問題以外でも、子どもが餓死するほどに重篤なネグレクトの中では、若年妊娠、望まない妊娠、父親の育児への無協力・無関心などの要因が目立っている。彼らの多くには、パートナーに妊娠の事実を告げることができず、または、告げたもののあいまいな反応しか得られなかったり、あるいは拒否・責任放棄された結果、中絶費用が捻出《ねんしゅつ》できなかったり、あれこれと悩んでいるうちに、中絶可能な時期をすぎてしまっていたというパターンがみられる。

とりわけ、母親自身による「妊娠の否認」という事態はきわめて深刻であり、こうした場合には「妊娠」という問題に直面することを避け、さも妊娠に気づいていないかのようにふるまい続ける。そのため当然、妊婦健診や母子手帳の交付などもいっさい受けておらず、場合によっては、出生届すら出されないこともある。前述の事例の藍子も、妊娠中、「流産するならそれでいいし、生まれたら育てればいい」と、きわめて安易に考え、不特定の男性との性交やアルコール・薬物の摂取などを、「状況に流されるまま」気ままに行い続けていた。妊娠の事実を否認しながら、従来と変わらぬ、アルコールや喫煙、薬物の摂取などを含む、不健康な生活を続けることで、胎児に先天的な障害が認められることもあり、こうしたリスクがさらに母親の育児を困難にさせることとなる。

妊娠中ですら子に無関心であった母が、出産をきっかけに突如わが子に愛情を注ぐということは、あまり期待できないかもしれない。そして、こうした母親の中には、出産後にあってもなお、「自分が出産したこと自体を忘れてしまった」かのように、およそ育児をする生活とはかけ離れた生活を続ける者もいる。こうした母親は、藍子のように、「望んでできた子じゃない」「生まれて来なければよかった子」などと、育児放棄をすることに対して罪悪感をもたない傾向がみてとれる。

このように、「子に対して徹底して無関心」な親に、わが子への愛情と責任を自覚させるということは、しつけと称する身体的虐待を行う親に対してよりも、はるかに難しいといえそうである。後者の場合には、誤った形ではあるが、まだわが子への関心は存在しているため、介入の糸口が見つかる余地は残されている。しかし前者であれば、もともと育児への意欲がまったく欠けており、「子どものため」という建前すらもっていない可能性が高い。

また、若年妊娠の場合、とりわけ父親も若年者であったり、父親としての責任をとりたがらないようなケースにおいては、親族などからの出産に対する理解と全面的な協力が得られない限り、出産後の母親の多くは低収入と社会的孤立という問題に直面せざるを得なくなるだろう。児童虐待のうちでも、特にネグレクトは、「貧困」という問題と非常に関連性が高いことで知られている。二〇〇八年に厚労省が行った調査では、虐待の背景と考えられる家庭状況として、八一〇八例中、経済的困難が三三・六パーセント、ひとり親家庭は二六・五パーセントであったのに対して、ネグレクトに限ると、経済的困難は五四・一%と半数を超え、ひとり親家庭も四一・一%となっていることが分かっている。

命の教育

これまでにみてきたネグレクトのケースでは、いずれの親もきちんとした家族計画をたて、自分たちの育児能力を冷静に判断した上で、子どもを迎え入れるための覚悟や、最低限必要とされる知識の習得などの準備すら、まったくできていなかったように思われる。

わが国では、家庭でも、学校でも、性教育は避けられる傾向がある。しかし、命の大切さ、かけがえのなさを知り、健全な家庭生活を築くためには、性という問題を避けて通ることはできない。性という問題を大人がいくら避けても、子どもたちは年ごろになれば興味をもつようになる。そして、子どもたちの周りには、コンビニに並べられた雑誌やインターネット、深夜番組やDVDなど、性を商品として扱い、いたずらに興奮をあおるだけの有害な情報があふれている。こうした環境に囲まれている子どもたちに「目を閉じろ」と強制しても逆効果であり、性を「隠さなければならないタブー」ととらえ、大人の目の届かないところで、歪んだ性知識をせっせととりこむことにしかならない。それよりは、子どもたちが性の問題ときちんと向き合い、適切に対応できる賢明さを育てる教育のほうが効果的であり、安全であるといえよう。こうした教育は、家庭のみならず、学校でも適切に行われることが必要であり、子どもをとりまく大人たちが、口先の言葉や説教としてではなく、強い思いとして伝えることが重要である。大人たちが一貫した正しいメッセージを送り続けることによって、子どもの性、そして生命に対する意識を高めることができるはずである。子どもたちには、正しい性／生のあり方を「知る権利」がある。

男女とも、性が、けっして興味や快楽のために扱われるべきでなく、大切にされるべきであり、あたたかい愛情のもとに成り立つはずのものであることや、逆にそうでない性に対しては、危険なものであること、関わるべきではないこと、自分自身を大切にして、自分の性を慎重に扱うべきだということを、小学生くらいの段階からきちんと学ぶべきだと思う。

特に女性は、自分を、そして将来生まれてくる子どもを守るために、自分のからだや性について正しく知り、管理できること、不本意なセックスを避けること、子どもを迎えるきちんとした準備ができるまで男性に対しては避妊を要求する権利と義務があることを、適切に伝え、理解を得た上で、本当に自分を大切に考え、支えになってくれるパートナーを選ぶ必要がある。

親から、自分は価値のある存在であり、生きる権利を有しているということを教えられないままに成長した子どもたちは、愛情を求めて安易なセックスに走る傾向があり、望まない、あるいは予期せぬ妊娠へと至るリスクが高い。

しかし、生命の大切さを、周囲の大人からきちんと学ぶ機会が与えられたのであれば、授かった命をいつくしむことができる可能性は大いにある。人の命はかけがえのないものだと知っておくことができたなら、目の前の子どもこそがかけがえのない存在だと、心の底から感じることができるのではないだろうか。そして、とても困難を伴うかもしれないが、強い決意と忍耐力をもち、子どもに「安心して、育ってもいいよ。生きていてもいいよ」というメッセージを送り続けることができれば、そこでの自分と子どもとの関係は、正常で安定したものとなるだろう。そうすると、自分が子どものころに得られなかった親子の絆を、自分の子どもとの間で結び直すことで、かつて子どもだった自分をとり戻し、健全に育ち直すことができるかもしれない。

世代間連鎖は断ち切ることができる

「虐待が世代間に連鎖する」という事実が、自明のこととして人々の意識に浸透するにつれて、自分が受けてきた不適切な子育てをふり返り、不安を覚えた人々から「自分も虐待してしまうのではないか」「子どもを作るのが怖い」などという声がきかれるようになってきた。

虐待を受けた経験は、不快で苦痛な状況を自分でコントロールすることができないという理不尽さと、それに伴う無力感として、子どもたちの心に刻みこまれる。

それでも脳は、時間の経過、新しい経験とともに変わっていく器官である。脳は個人の物語を記録し、保存していく。人生経験を重ねることで、脳にたくさんの記憶のひな型が作られ、私たちが「どんな人であるか」というパターンが形作られていく。こうした絶え間ない脳へのインプットとアウトプットとの繰り返しによって、私たちの行動は決定されていく。

そのため人の人格も、脳の変化とともに変化していく。深く傷ついた経験も、新たな物語の記録によって、十分に乗り越えていくことができるのである。人の人格は、家庭内でのみ決定されるものではない。もちろん、人生の早期に家庭内での適切な養育と愛情を経験していない場合、心に刻まれた社会に対する不信感や無力感が、さまざまな問題行動や認知の歪みに結びつくリスクは高くなる。しかし、人生の中で、やり直しのきく経験を何度も何度も繰り返すことで、不信感や無力感を打ち負かし、社会的なスキルを獲得することは十分に可能である。

虐待を受けた経験をもちながら、十分な社会性を身につけ、社会的な成功をおさめた人たちはたくさんいる。彼らは、多くの人々が親から当然に与えられるものを、自らの意志の力、そして他者との素晴らしい出会いの中で、自ら獲得してきたのであり、そのため自分の中に、とても強い芯《しん》をもっていることが少なくない。

親になることを恐れる、かつて虐待を受けた子どもは、そうした意味で、とても強い芯をもつ人たちなのではないだろうか。自分の過去の問題ときちんと向き合うことができ、「世代間の連鎖を絶つ」という、断固とした決意に向き合うことができているからだ。このこと自体、「子どもには愛される資格があり、安心して成長する権利がある」という考えが、きちんと自分の中に根づいている証拠だと考えられる。

こうした辛い経験をもつ人たちにとって、愛情をもって自分の子どもを養育するということは、その人の強さそのものである。こうした人は、きっと、虐待の連鎖を断ち切ることができるはずだ。

そして、子どもに愛情を注ぐために、他者に助言や手助けを求めたり、援助を申し出る人々やさまざまな社会資源をかしこく利用することも、その人の強さのあらわれであって、弱さではない。虐待の連鎖を断ち切るためにも、子育てを一人でかかえこむことなく、子育ての中で自分を「楽にしてくれる」場所を作ることが、自分ではなく、誰より子どものために、とても大切なことなのだ。

5章

児童虐待を克服するために

これまで、児童虐待という問題をかかえた、さまざまな親子関係についてみてきた。身近にいそうな普通の親から、私たちの想像力がおよばないような親まで、さまざまなタイプの親たちが登場し、いずれも虐待へと至る背景には、さまざまな要因が重なり合っているということがかいまみえたと思う。そして、そうした背景要因の中でも、「子どもが泣きやまない」「いうことをきかない」という状況はかなりの共通性をもっており、この問題は、子育てに悪戦苦闘するすべての親たちの「最難関」であるといっても過言ではないだろう。

そこで本章では、これまでとは趣を変え、「育児における困難をどう乗り切るか」ということを考えながら、「どうやって児童虐待を克服するか」という、困難ではあるがとても重要な課題に向き合ってみたいと思う。

PURPLE CRYING

赤ちゃんに対する衝動的な暴力、とりわけ揺さぶり行為（→七三ページ）を誘発する「特別な泣き」として知られるのが、「パープル・クライング（PURPLE CRYING）」である。これは、「異常に赤ちゃんが泣く」という現象を指す言葉で、ブリティッシュ・コロンビア大学小児科学教授ロナルド・バル医師によって提唱されている。わが国では、こうした状態の赤ちゃんは、お腹の中にいる（架空の）虫が悪さしているとの考えから「疳《かん》の虫」と呼ばれたり、夕暮れどきにみられる激しい泣きであることから「黄昏《たそがれ》泣き」といわれたり、あるいは泣いている表情がとても苦痛に満ちていて、あたかも「お腹が痛い」状態にみえることから「疝痛《せんつう》赤ちゃん」などと呼ばれてきていた。

バル医師は、「疝痛（colic）」という言葉は、赤ちゃんになんらかの異常があることを想起させるため、不適切であり、赤ちゃんの激しい泣きは、正常な成長の一時期であることを親に理解してもらうべきだとする。

ちなみに「パープル」とは、赤ちゃんの泣きわめく顔色が紫色になる、というわけではない。さまざまな研究結果に基づいた、この時期に特徴的な、赤ちゃんの「泣き」の特徴を列挙した言葉の頭文字をとったものだ。

PURPLE CRYING

【P】　Peak of Crying：泣きのピーク

生後約２週間ごろに始まり、生後２か月をピークとして、他の時期に比べてより多く、激しく泣く時期がある。

生後３〜５か月ごろには少なくなっていく。

【U】　Unexpected：予測不能

いつ、なぜ始まり、終わるのかが、親にも分からない。

【R】　Resists soothing：なだめに逆らう

なにをやっても赤ちゃんは泣きやんでくれない。

【P】　Pain-like face：苦痛の表情

泣いている赤ちゃんは、そうでなかったとしても、痛がっているようにみえる。

【L】　Long lasting：長時間持続する

泣きは数十分間、かなり長いものでは５時間以上も続くことがある。

【E】　Evening：午後

午後に、より多く泣く。

これが、多くの親たちを消耗させる「泣き」の特徴だとされている。どうして泣いているのかまったく分からない、なにをやっても泣きやんでくれない。しかも、親を責めさいなむかのような、かわいさのカケラもない苦悶《くもん》の表情で、何時間も泣きやまないわが子。さらにそれは、お母さんが一番家事に忙しく、疲れて帰宅したお父さんが一番くつろぎたい、夕方の時間に決まって起こる――。

親にとっては、「もう、いい加減にして!」「一生懸命やってあげてるのに、なんであなただけがそんなに要求ばかりしてくるの?」「そんなに私が嫌いなら、あなたなんかいらない」などと、憎しみを覚えかねないだろう。

こうした状況で、他人が「赤ちゃんは泣くのが仕事。大らかな気持ちで接しなさい」などといったとしても、すんなりと理性的に受け入れられるはずがない。しょせん他人の高みの見物だと、反発を覚えるだけかもしれない。こうした他者からのアドバイスは、親に余裕があるときには、気持ちを切り替えさせ、前向きな気持ちにさせてくれるかもしれないが、親に余裕がないとき、疲れているとき、不安なとき、自信を失っているときには、親を非難する言葉として受けとられる可能性が非常に高いものである。

なお、この「パープル時期」の赤ちゃんは、親に具体的になにかをして欲しくて泣く、というだけではないらしい。原因はまだ分かってはいないし、すべての赤ちゃんにそうした時期があるというわけでもないらしいが、少なくともそうした時期にある赤ちゃんにとっては、その時期に体力の限り泣き叫ぶことが「今後の成長のために必要」なのだといわれている。それは、後に紹介するドクター・カープが指摘するように、人間の赤ちゃんは未熟な状態――生まれた直後から、最低限のサバイバル能力をそなえている他の動物の赤ちゃんに比べ、三か月分ほど早産の状態――で生まれてきたために、二四時間ぬくぬくと安心してすごすことのできた子宮の中に戻りたがって、かんしゃくを起こしているのかもしれない。あるいは、呼吸の鍛錬や特定の臓器の成長のためかもしれないし、今後嵐のように訪れる困難に対処するための、初期のトレーニングなのかもしれない。

いずれにしても、ここでなにより大切なことは、バル医師も指摘するように、「この子が異常なわけではない」「成長に必要としていることなのだ」ということを、親が、そして周囲の人々が、知っておくことであろう。火がついたように泣き叫ぶ子どもを前にすれば、どの親であっても、とても困惑し、泣きたいのはこっちだという思いになるだろう。そうしたときに、「この子は成長するために必要な『パープル時期』にいるのだ」と考え、なるべく客観的・冷静に対処するよう努めることが重要である。そして、そのためには、周囲の人々が親の辛い気持ちを理解し、共感し、ねぎらってあげるべきであろう。耳をつんざくようなわが子の泣き声に加えて、周囲の冷ややかな視線までも、親がすべて引き受け、責任をもって対処しなければならないという状態は、周囲の想像を絶するほど辛いものである。周囲の人こそ、子育てに奮闘する親子にエールを送り、「そこにいてもいいよ」「応援しているよ」という大らかな気持ちをもつことが必要なのだ。

「大丈夫」というメッセージ

現在子育て奮闘中の友人は、子どもとお出かけした際に子どもが泣き出してしまったとき、通りかかった熟年女性から「あらー、泣き声もかわいいわね！」と声をかけられたことで、本当にうれしい、楽な気持ちになれたという。泣き叫ぶ子どもを前にして困惑している親に、「大丈夫、大丈夫」というメッセージを送ること、あるいは、あたたかな視線を送ることだけでも、くじけそうな親の気持ちは本当に励まされるものである。

ところで、同じ友人によれば、子育ての大先輩世代の女性に多いそうであるが、たとえばスーパーのレジ待ちなど、両手を空けられない状態で子どもが泣き出してしまったときに、「こんなに泣いてるんだから、抱っこしてあげなさいよ」などといわれ、困ってしまうことがしばしばだという。このご婦人の気持ちは、分からないでもない。彼女なりに、若い母親の子育てを応援しているつもりなのだろう。しかし、赤ちゃんが「泣く」という行動に接した他人が、親に「すぐに対処するよう」求める言動は、「そこにいても大丈夫」というメッセージの対極にあるということも、知って欲しいと思う。

また、別の母親は、夜通し泣き続ける子どもに対処し、疲労困憊《こんぱい》したときに、夫のかけてくれた言葉が、なによりも救いになったと語っている。それは、「きみは、できる限りのことをやった。それでも彼が泣きやまないのは、彼がいま、そうすることを必要としているからだろう。だから、これは彼の問題だ。きみはもう休んでもいい」というものだったそうだ。実際にはとても休める状況ではなかったとしても、こうした言葉をかけてもらうことで、どれだけ母親は救われ、楽になるか分からない。よく「父親には、なにもできない」などというが、それは間違いである。世の殿方にはぜひとも、こうした大らかな心をもち、妻に対するねぎらいの言葉を積極的にかけていただきたいものである。

なお、このパープルの最初の「P」は、とても重要なことを私たちに教えてくれている。そう、この時期はいまがピークで、これ以上ひどくはならないはずだということ、そして、この時期の終わりは、間もなく、必ず訪れる、ということだ。この辛い時期を乗り越えた親は、きっと、これからの子育ての過程でめぐってくる、いろいろな辛い出来事を乗り越える強さ、したたかさを身につけているだろう。そのためには「ピークがあれば、終わりも必ず来る」ということを、しっかりと知っておくことが大切である。

子どもの泣きと親子のコミュニケーション

パープル・クライングのような、「一過性の異常な泣き」は別にして、子どもが泣く理由としては、生理的な欲求の充足と、親とのコミュニケーションを求めていることがほとんどである。だから親は、子どもが泣けば、おなかがすいていないか、オムツが濡《ぬ》れてないか、寒くないか、暑くないかと、さまざまな方法で対処し、それでもぐずる子どもには、抱っこして背中を軽くぽんぽんたたいてあげたり、腕の中でゆらゆら揺らしたり、子守唄を歌ってあげたりしてなだめることになる。そして、子どもは欲求が満たされると、泣きやみ、眠ったり、ほわっとした表情で落ち着いたり、さらなるスキンシップを求めて甘えたりし始める。

子どもは生まれて最初に、泣くことによって親から世話を引き出すことを知る。やがて、適切に世話が与えられることに安心感を覚え始めると、はじめはぎこちないながらも、笑顔をみせるようになる。親は、赤ちゃんのこうした原始的な笑顔に触れると、言葉に尽くせないほどの愛おしさを感じ、抱き上げて頬ずりをしたり、満面の笑顔で呼びかけたくなる。そうした、親からの上機嫌な反応をもらった赤ちゃんはうれしくなり、しきりに手足を動かしたり、親の顔をじっと見ながら手を伸ばしたり、なにかをいいたそうなそぶりをみせる。そして、この愛らしいわが子の仕草が、さらに親の愛情をくすぐり、両者の間では、ひっきりなしに愛情に満ちたコミュニケーションが行われるようになる。

個人差はあるが、生後一～二か月もすぎるころには、子どもの笑顔もだんだんと上手なものになっていき、「アッ、アッ」「うー」などの母音を発音する「クーイング」が始まる。そして生後三か月ごろになると、声を出して笑うようになる。そのころから、喃語《なんご》（「ダー、ダー」とか「マー」「ウグゥ」「ワッ、ワ」などの、母音と子音を伴う断続的な発声）がみられるようにもなり、その発声と同時に手足を動かしたり、体を揺するような仕草をして、周囲に働きかけを行うようになる。こうした赤ちゃんの表情を笑顔でのぞきこみ、クーイングや喃語に合わせて声をかけたり、くすぐったり、なでたりするなどのスキンシップを与えることで、それに呼応するように、赤ちゃんの発声や四肢の動きがさらに盛んなものとなってくる。これらの初期の発声には、親からの応答がきわめて重要だとされ、親の適切な反応によって、赤ちゃんの言葉の発達を促すとともに、親との心地良いやりとりを楽しむようになり、外界に対する興味もどんどんかき立てられるようになる。そのようなやりとりを繰り返すことによって、親子の愛着を深める、親密なコミュニケーション手段がどんどん発達し、洗練されてくるのだ。

しかし、泣いて親を求めても、親の適切な働きかけによって欲求を満たしてもらったり、快い刺激を与えてもらったりした経験が極端に少ない場合、赤ちゃんはやがて泣くことが少なくなり、笑顔や喃語を発する時期も遅れがちになるという。こうした状態の赤ちゃんのことを、産科・小児科の領域では「サイレント・ベイビー」と呼んでいる。

サイレント・ベイビー

わが子がサイレント・ベイビーとなったことに気づかない親は、感情表現の少ないわが子を「育てやすい子」「手がかからない子」と勘違いして放任しがちになり、ますます親子のコミュニケーションの機会が減っていくことになる。そのうち、同月齢の他人の子どもはニコニコと愛嬌《あいきょう》をふりまいているのに、自分の子どもは親にさえちっとも笑いかけてくれず、赤ちゃんらしい愛らしさに欠けている、と意識されることになる。

こうした子どもは、すでに「欲求を訴えることがむだだ」ということを学んでおり、欲求を覚えても外部にそれを表出しなくなる。自分が泣いたり、切実にそれを必要としているタイミングで、適切に世話が与えられていないために、親からの世話はまったく偶発的なものであり、自分の感情表現とは関係のないものだと考えてしまうのである。そのため、親が子とのコミュニケーションを意識的に図ろうとした際にも、それを喜ぶような態度がまったくみられないということも、少なからず起こってくる。親は、こうした子どもを前に、「なにかをしてあげたい」という意欲が削《そ》がれてしまい、愛情のこもらない世話を、ただ機械的に行うだけとなるかもしれない。これは親にとっては喜びの伴わない、非常に苦痛な子育てとなるだろうし、子どもにとっても、ますます親との接触が心地良いものとは感じられなくなるだろう。こうした親子関係が、いずれ身体的虐待やネグレクトにつながるリスクは、とても高い。

こうした現象は、親の育児に対する知識の不足や、なんらかの要因で初期の親子の愛着の形成が阻害されたような場合、さらには親の気質や、子ども自身の気質、子育てをとりまく環境など、さまざまな要因が重なったことによって起こってくる。そして、「わが子をかわいがりたいのに、かわいいと思えない」「子どもらしさがないので、人にみせたくない」などと、育児に対する意欲を失い、検診や地域の育児サークルなどへの参加意欲がなくなり、やがて社会的に孤立することになりがちである。

母子保健の専門家である堀内勁医師は、『サイレント・ベイビーからの警告』（徳間書店、一九九九年）において、「情緒が十分に育たないと、『現実感』が希薄な子が生まれる」とし、最近、人間らしい感情が希薄で、バーチャルリアリティの中で生きている少年や青年が増えつつあること、そのため自分が生きているという実感に乏しく、他者の存在にも生き生きとした実感をもちにくくなり、他者を無感動、無感情に殺傷し、被害者の痛みを感じていないような犯罪者が少なからずみられることを指摘し、「情緒の発達が不十分なこうした少年や成人の原型がサイレント・ベイビーだと思っています」との見解を示している。

こうした指摘は親にとって、とても衝撃的で過激なものに映るかもしれないが、人は成長過程において、その成長段階に応じた情緒を育むことで、他者とのコミュニケーションをとるすべを身につけ、他人の心を思いやることが可能になるということは、従来からよく知られている事実でもある。

サイレント・ベイビーは治せる

そして堀内氏は、同書において「サイレント・ベイビーは治せる」という力強いメッセージをも発している。その方法の一つが「ダッコ療法」であり、これはお母さんが、成長した子どもであっても、あたかも乳児であるかのように受け入れ、甘えさせるという治療法である。また、成長した子どもを親が「ダッコする」ということは現実的に難しいという場合であっても、親が子どもを受け入れ、さまざまな過去の記憶と、そのときに感じた気持ちなどの話を辛抱強くきき続け、受け入れてあげることで、ほどなく子どもが心を開くようになったという実例も挙げている。こうした体験を、成長した子どもが「とり戻す」ことによって、親との間で、ひいては他者との間で生まれるであろう、正常な情緒を築き直すという可能性があるのだ。

少し前の日本社会においては、家庭のみならず、学校、地域、職場などでも、濃密な人間関係が存在していたために、ことさら親の手をかけなくとも、しだいに子どもは大人や他者を信頼するすべを学び、身につけることができた。しかし現代社会においては、そうした人間関係は希薄になっているため、成長の早い段階において、家庭外で、対人関係やコミュニケーションのスキルを習得し、信頼できる他者にめぐり会うことは、いずれも困難になってきている。しかし、困難は伴うかもしれないが、適切な他者を選び、その他者から情緒的に満たされることで、純粋な情緒をとり戻すことは、きっとできるはずだ。いや、できないはずはないだろう。たとえ親に受け入れられた経験がなかったとしても、「特定の人」から受け入れられているという実感を得ることで、少なくともその人にとっての自分は、必要でとり替えのきかない存在となれるのだ。そうした関わりは、同性の親友という関係性かもしれないし、異性のパートナー、尊敬できる先生や先輩、あるいは、自らが授かった小さな命かもしれない。

「子どもを育てることによって、自らが育ち直している」と語る幸せな親の中には、自らの親との間で切望していたものをわが子の存在によってとり戻し、もって心を浄化し、過去の心のキズを癒しているという人もいる。子どもを育てるという経験によって、かつての自分をやり直すことができるというのだ。こうした人にとって子育てとは、なんとかけがえのない、貴重な体験なのであろうか。

子どもの泣きにどう対処するか

ここまでで何度も述べてきたように、子どもの「泣き」は健全な成長のために不可欠なことである。子どもは泣いて、泣いて、泣いて、力強く育っていくものだ。むしろ子どもがまったく泣かない場合には、情緒の発達上の問題が起きているのかもしれない。

しかし、そのようなことは頭では理解できても、やはり子どもの際限ない泣き声に対処することは、とても困難に思えるだろう。それもそのはずで、赤ちゃんの泣き声をきくと、人は誰でも心拍数が上がり、血圧が上昇し、不安に襲われるなどの、ストレス反応を示すという現象が、医学的に知られている。これは、弱い立場の赤ん坊の泣き声によって、周囲の大人の行動が誘発され、種《しゅ》を守るような働きかけをするように、広く人類にプログラムされた反応ともいえるだろう。また、1章でも述べた「泣かせない子育て」文化も影響しているかもしれない。

泣きわめく赤ちゃんを前に、なすすべもなく立ち尽くすという状態は、誰でもストレスを感じ得るものであって、わが子への愛情が薄いとか、親としての自覚が足りないなどということはけっしてない。

基本的な対処方法

①**おっぱいを含ませる**……育児書や育児雑誌の中には、「(人工栄養による) 授乳は三時間おきに」「授乳は二〇分以内に」などと書かれているものもあるようだ。しかし、赤ちゃんは空腹を満たすためだけにミルクを欲しがるのではない。おっぱいを吸うということは、赤ちゃんにとっては、大好きなお母さんと一番密着することができ、大好きな肌のぬくもりやにおい、肌触りに包まれるという、至福のときをすごすことでもある。

②**おむつをチェックする**……これも非常に基本的なことである。たとえ紙おむつで、まだおしっこ

がたまっていない状態であっても、汗で湿気がたまっているのかもしれないし、少しの濡れでも嫌がる赤ちゃんは多い。新しいおむつにつけ替えてもらえることは、赤ちゃんにとってはとても気持ちがいいものである。

③体温をチェックする……直前まで機嫌がよさそうにみえても、赤ちゃんは突然熱を出すことが少なくない。

④服装をチェックする……大人にとって最適な温度で、最適な服装をさせていると思えても、赤ちゃんにとっては、暑すぎたり、寒すぎたりと、なんらかの不快感を覚えているかもしれない。赤ちゃんは自律神経の働きが未熟で、放熱、発汗といった体温調節機能も未発達である。そのため、大人が思う以上に暑さ、寒さ、湿度などに敏感である。

⑤抱っこしてあげる、優しく揺らす、歩き回る……赤ちゃんは、お母さん、お父さんのぬくもりに包まれることで、安心感を覚えるだろうし、また、ゆっくりとした適度な振動が心地良い刺激となるだろう。

⑥ささやいたり、声に出してなにかを読んだり、歌ったりしてみる……優しい声をかけ続けることで、赤ちゃんの注意が声に向けられ、泣きやんで耳を傾けてくれるかもしれない。

⑦生活音を立てる……赤ちゃんの中には、洗濯機や掃除機の音、お皿を洗う音など、特定の生活音をきくことが大好きな子もいる。しーんと静まり返った部屋にいることに、飽きてしまったのかもしれない。

⑧散歩やドライブに連れ出す……これは、赤ちゃんだけでなく、親も気分転換ができ、リフレッシュできるという効果がある。赤ちゃんの長時間の号泣を、部屋の中にこもってきいていると、どうしても気が滅入りがちである。夜中で、近所迷惑にならないか心配だというのであれば、車の中に移動したり、思いきってドライブに出かけるのもいいかもしれない。また、ふだんから「夜泣きしてうるさいかもしれませんが」「昨夜は、泣き声がうるさくありませんでしたか？」などと一言声をかけることで、近所の人も、きっと理解してくれるはずである。

⑨他者の助けを借りること……困難な状況に耐えるとき、誰か他の人にそばにいてもらえれば、ずっと心の負担は軽くなる。パートナーが望ましいが、親、親しい友人、場合によっては育児の電話相談などで、この強烈な泣き声を共有してもらってもかまわないだろう。とりわけ電話相談員は、そうした親の辛い気持ちを助けるためにいるのだから、遠慮することはない。自分とは違う経験・立場の人からの共感によって精神的に落ち着くことができたり、泣きやませるための秘策を伝授してもらえるかもしれない。

⑩いったん赤ちゃんから離れること……なだめても、すかしても、なにをしても泣きやまない赤ちゃんを、いらいらしながらにらみ続けているよりも、ベビーベッドに寝かせ、安全な状態を確認してから部屋を出て、自分一人になる時間を作ることも有効である。好きな紅茶を一杯飲んでもいいし、甘いお菓子を食べたり、好きな雑誌をめくったり、外に出て深呼吸を繰り返したり、気持ちが落ち着くまで、自分だけの時間をもつことである。

ドクター・カープの「魔法のスイッチ」

アメリカの小児科医で育児専門家のハーヴェイ・カープは、世界の各地で、赤ん坊を泣きやませるために伝統的にとられてきた方法を、「五つのスイッチ」というエッセンスにして紹介している。

「第一のスイッチ」　柔らかくあたたかい布で、赤ちゃんの身体をすっぽりと包む「おくるみ」の方法。
おくるみが顔に触れないように、首もとをVネック状に折って、身体のみを布で包みこみ、さらに両腕の周りにゆるみがないよう「ぴったり、きっちり」包むのがポイント（図）。手が伸ばせないお腹の状態と同じに戻してやることで、赤ちゃんは落ちつくことができる。

足はある程度自由をもたせる

「第二のスイッチ」　「横向き／うつぶせ」など、赤ちゃんが心地良いさまざまな抱き方を試みる。
いずれの体勢でも、赤ちゃんの口や鼻がふさがれないよう、注意しなければならない。

「第三のスイッチ」　赤ちゃんの耳のすぐそばで、「シーッ、シーッ」と、泣いている赤ちゃんの耳に入るほどの大きさで言い続ける。
赤ちゃんの耳には、「シーッ」という音は安心できるものであり、ちょうどいい音量の「シーッ」をきくと、赤ちゃんは魔法のように数秒で泣きやむ。

「第四のスイッチ」　「ゆらゆら」揺らす。

「第五のスイッチ」　おしゃぶりを含ませる。一～四の方法を行った仕上げとして行うと効果的。

―『赤ちゃんがピタリ泣きやむ魔法のスイッチ』（講談社、2003年）より―

覚えておくべきこと

繰り返し強調するが、育児に不安だらけの新米パパやママには、「こうした辛い時期は、いずれは終わる」ということを周囲の人々が伝え、はげましていただきたいと思う。そして、この困難な時期は、けっして親のせいでも、赤ちゃんのせいでもなく、人が成長するために必要な時期だということを、そして、育児の最も困難な時期をともに乗り越えることで、親子の絆はさらに深まることとなるということを、すべての親に、どうか知っておいて欲しい。

ディフィカルト・チャイルド

生まれつき、他の子より気性が激しく、扱いが難しい子どもがいる。こうした子どもは、非常に神経質で、常に不機嫌な状態であったり、ささいな刺激に反応してかんしゃくを起こしやすく、なだめてもまったくきかず、しばしば親にも手がつけられない状態になる。またこうした子どもは、食欲が不規則であったり、多食、または逆に極端に食欲が少ない、なかなか寝つかない、すぐに起きて騒ぎ出す、意味もなく激しく夜泣きする、基本的な生活リズムがばらばら、などという、育児をさらに困難にさせるような特徴も示す。これが、ディフィカルト・チャイルド（気難しい子／育てにくい子）である。

こうした子どもをもつ親は、子どもの行動や性格にふりまわされるうち、「ふざけている」「親をばかにしている」「性格が異常」「わざと怒らせるようなことをする」など、しばしば否定的な感情をもつようになる。また、他の同年代の子どもがとてもききわけが良く、かわいらしくしているのをみると、親は「自分の育て方が悪いのではないか」と、劣等感や罪悪感をつのらせてしまいがちである。

さらに、こうした困難な子どもをもつ親にとっては、ありふれた育児法についてのアドバイスはまったく役に立たないため、「誰もこの気持ちを理解してくれない」とふさぎこむかもしれない。また、こうした子どもに接した他者は、「わがまま放題」「まったくしつけられていない」との印象をもち、おのずと母親を責めるような態度をとりがちである。こうした周囲の無理解によって、母親の孤立感が強められる一方で、子育てに関する親の心理的・身体的負担が大きすぎるために、早期より親の攻撃性が刺激され、子どもへの虐待を引き起こしやすくなるということは、想像するにかたくないだろう。

しかし、ディフィカルト・チャイルドは、「生まれもっての気質」という部分が大きく、「生まれつき感受性が強い子どもである」と、親も周囲も理解する必要があるだろう。けっして親ばかりを責めたりすべきではない。「元気いっぱいですね！　かわいいけど、お母さんは大変でしょう？」と、共感してあげるだけでも、親は救われるだろう。

そして、こうした子どもも、いずれ成長するにしたがって、問題行動は少なくなり、きちんとした分別をつけることができるようになるといわれている。そればかりか、幼少時より自己主張がしっかりした子は、断固とした信念をもった、芯の強い大人へと成長することが多いという。

発達上の障害

発達上の障害のうち、知的障害がないか、あってもごく軽度である場合に、「軽度の」発達障害と呼ばれることがある。これには、AD／HD（注意欠陥／多動性障害）、PDD（高機能広範性発達障害）、アスペルガー症候群、LD（学習障害）などが含まれるが、ここでは特に児童虐待との関連性が指摘される前二つの障害の特徴と、虐待の誘発性について簡単にみてみたい。

AD／HDの子どもは、乳児早期から、衝動的で落ち着きに欠けることが多く、周囲のささいな刺激に反応して不機嫌になりやすく、あやしに抵抗する気性の激しさなどがみられるという。こうした子どもの気性が、成長につれてさまざまな問題行動に発展し、通常の叱り方ではまったくおさまらない、ということが多い。子どもの問題行動を放置しても周囲に責められ、子どもをきつく叱責しても周囲に責められるというのでは、親は八方ふさがりの状態となる。そのストレスから、他者の目から隠れて、子どもに対して激しい暴力を加え始めても不思議はない。

PDDの子どもは、親の感情を理解することが困難で、親の行動を物理的・道具的に理解するため、親は子どもとの情緒的な愛着関係を結びづらいと感じるようだ。そのため、「子どもがかわいく思えない」「どうしても愛せない」という感覚をもつこともしばしば起こってくる。こうした子どもへの「冷えた」感情が、やがてネグレクトなどの虐待にも発展するかもしれない。

ディフィカルト・チャイルドの中には、こうした発達上の問題を有している子どもも含まれており、専門家のアドバイスを必要とする。専門家による適切な診断によって、養育者が子どもを理解しやすくなり、それによって子どもや親の負担が軽減され、問題を解決することにもつながるだろう。また、周囲の人も子どもの障害を理解することで、親子に注ぐ眼差しを変え、親の気持ちを楽にすることができる。

なお、この問題に関心のある読者は、渡辺隆『子ども虐待と発達障害』（東洋館出版社、二〇〇七年）、その他の成書を参照していただくといいだろう。

子どものかんしゃくにどう対処するか

正常な発達を遂げている子であれば、二～四歳ころの間に我《が》をもち始めるようになり、親に対してなんでも「イヤダー！」と逆らう時期がくる。「魔の二歳児」などとも称されるこの時期には、親がなにかを提案したり、いいつけたりすると、金切り声を上げ、場合によっては床や地面に寝っ転がって手足をバタバタさせたり、大泣きしながら、「イヤ!!」と、全身で拒否することがみられる。

どの育児書にも「この時期は自我の芽生える、成長にとても必要な時期」と書かれており、親としても理性では理解しているものの、親の意見を全否定して自分の意見を通そうとするわが子の姿に接すると、親としてのプライドを踏みにじられたような、または、敵意や悪意をダイレクトに向けられているような気分となり、かなりのストレスとなってくる。

この時期の子どもは、「自分でやりたい」「自分の意思で決めたい」という、自立の精神でいっぱいになっている。それを親や周囲の大人が「思うようにやらせてくれない」ということに、いら立ち、自尊心が傷つけられ、パニックになるのである。

スーパーなどの店先で「買って!!」「欲しいの!!」と、大暴れし、泣き叫んでいる子どもを「いい加減にしなさい!」「ダメなの!」と、叱りつけている親をみかけることがある。そうしたとき、親は公衆の面前で自分の育児の恥をさらしているような、情けない、みじめな気持ちになりがちである。こうしたわが子を叱り飛ばすことで、親こそが一番傷ついているのかもしれない。そしてさらには、そうした親子の姿を、あからさまに迷惑そうな目でみる人々もいるため、親は、自分が全世界から否定されているような気持ちになる。

この時期の子どもが「いうことをきかない」という理由で、「しつけ」と称した虐待を受け始めることも少なくない。

子どものダダに対処する基本的な方法は、まずは、子どものダダに、「感情的に巻きこまれない」

ということである。パニックを起こしている子どもに感情をぶつけても、よけいパニックになるだけで、親もさらに怒りを増幅させる「負のスパイラル」に陥りかねない。そこで、子どもの感情の爆発に接した場合には、「なるべく冷静に、客観的な立場でいる」ということが必要になる。そして、「大人をバカにするな」ではなく、「自分は大人なんだから、受けとめてやろう」という、おおらかな気持ちに切り替えることである。

冷静になる方法の一つには、子どもの「ダダっ子日記」あるいは「ダダ観察日誌」をつけることが推奨されている。ブログで育児日記を書いたり、日常的に「グチをきいてもらう」機会があれば、他者の目にさらされることを意識するため、ダダへの自分の対処が、より客観化できるだろう。

そうして、冷静になることができれば、次に効果的だとされるのが、子どもの言葉を繰り返すよう努めることだという。子どものダダは、自分を認めて欲しいという切実な思いから出されていることがほとんどである。そのため、「お菓子買って！」というダダには「このお菓子買って欲しいのか～」、「自分でやる！」には、「そうか、自分でやりたいんだね」、「保育園、絶対に行かない！」には「保育園、絶対に行きたくないんだ？」など、ただ言葉を単純に繰り返すだけでも、子どもの感情は和らぐといわれている。そうして、気持ちを理解したことをしっかりと示した上で、「でも、今日はもうすぐご飯だから、今度もっと早い時間に来よう」「じゃあ、あと三回チャレンジして、ダメだったら交代ね！」「どうして行きたくないのか、教えてくれる？」「どうしたら、行けるようになるかな？」など、子どもの気持ちを受けとめた上で、別の提案をすることで、子ども自身に別の方法を選択させる。あるいは、「でも、そんなことをいわれたら、困るなぁ。どうしようか？」「いまは、こうしてくれたらすごくうれしいんだけど、してくれないかな？」など、頭ごなしに否定的な言葉を押しつけるのではなく、対等の人間として接してあげることで、子どもの自尊心は保たれ、感情を落ち着かせることができるかもしれない。なお、ここで例示した方法は、川井道子『今日から怒らないママになれる本！』（学陽書房、二〇〇五年）に、詳しく書かれている。

「信頼される親」に

他方で、子どもが欲しがるままに母乳を与え、泣いたら即座に抱いてやり、けっして叱らないという育児は、「けじめのない育児」であり、子どもは「大人と子どもは違う」というけじめをつけられず、大人と同じようになんでも許されると考え、わがままで手がかかる子に育つという意見もある。子どもを甘やかし放題にした結果、子どもはあっという間に手に負えなくなってしまうとするのだ。

確かに、親がすべて自分のいいなりになれば、自分は親より偉いのだと錯覚し、どんどん自己主張をし、それがかなえられないと「キレる」子どもになってしまうという主張には、一理ある。また、肥大化した自己愛が外の社会で傷つけられることを恐れるあまり、家の中に引きこもり、さらにはインターネットやゲームの世界に没頭することで、仮想現実の中の万能感に浸り続けるという若者も増えてきている。

こうした子どもをつくらないためには、あたたかな雰囲気の中にも、「大人と子ども」との間の秩序が必要であり、「子どもは大人と同じではない」「大人から学ぶべきルールがある」ということをはっきりと示し、納得させる必要がある。

オーストラリアのファミリーセラピストのスティーヴ・ビダルフは、世界中でベストセラーとなった育児書『子どもを叱らずにすむ方法教えます』（草思社、二〇〇四年）の中で、親には二つの「核になる資質」が必要だと強調している。それは「あたたかいやさしさ」と「ゆずらない強さ」である。これは、子どもには思いやりと愛情を示すが、ときには毅然とした態度でルールを示すという資質である。

そのためにビダルフは、同書において「立って考える」方法を提唱し、世界中の親たちから支持されている。その方法は、すべての子どもに役立つとは限らないかもしれないが、こうしたテクニックが世界中の親を楽にしているということを知っておくことも、むだなことではないかもしれない。そこで以下に、同書のエッセンスを少しだけ紹介したい。

「立って考え」「解決策を話し合う」方法

子どもが、家の中にある危険なものに手を触れたがり、親が「やめなさい」と強くいっても、「ヤダ!!」といって全身で抵抗する場合、どうすればいいか。ビダルフ氏は、家の片隅に、なにも置いていない「立って考える場所」を用意しておくことを提唱している。そうすることで、どうしても許容できない子どものふるまいに接し、警告がきかない場合には、親が毅然とした態度で、子どもを後ろから抱きすくめ、大暴れしてけがしないようしっかりと抱き上げて「立って考える場所」に連れて行くことができる。そこでも子どもは大暴れしているだろうが、「おとなしくするなら、放してあげる」と、優しいが、しかし断固とした口調でいいながら、しっかりと抱き続ける。すると、数分もすれば子どもは抵抗をやめ、おとなしくなるという。そして、おとなしくなった子どもに「もう、○○（具体的な危険な行為）をしないよね?」と単刀直入に尋ねると、「うん」と答える。そうすれば、両親ともが「いい子だ!」と、思いきりほめてあげるのである。

しつけの方法として、「立って考える」という習慣をつけさせておくことで、早くて二歳ごろまでには、「考える場所に行きなさい」といわれると、それに従い、なにを学ぶべきかを考えることができるようになるという。

そして、こうした習慣は、外出時にレストランや公共施設で、子どもが無作法なふるまいをした際にも有効だという。まず「やめないと、壁際に行って立たなければならなくなるよ」と警告し、それでも行動が変わらなければ、「考える場所」の代替地である壁際に連れて行く。そして、優しいが断固とした態度で、「きちんとできるようになったら、話をしよう」といい、少し離れて見守る。すると子どもは、すぐに肩を落とし、不安げに周囲を見回すようになる。そこですかさず親が行き、「用意できた？」と、やさしく声をかける。その上で、自分が「どんな間違ったこと」をしたのかを自分の言葉でいわせ、話し合う。その上で、「じゃあ、これからどうする？」と、解決策を自分で決めさせるのである。この際、子どもの決断に対して「よし、いい子ね！」「えらいね！」と、愛情あるスキンシップとともにほめてあげるのだ。

子どもは、自分のやりたいふるまいを大人にたしなめられることで、自尊心が傷つけられる。しかし、頭ごなしにたしなめるのではなく、「自分で考える」「自分でより良い行動を選択する」という、自分の意思が尊重される経験を積み重ねることによって、分別を学んでいくものだという。ちなみに、ある児童養護施設では、「立って考える場所」と似た「反省イス」を遊び場の隅に用意していて、他の友だちを困らせるなどの問題行動をした子どもが「頭を冷やす場所」にしているという。

「自分の気持ちが受け入れられない」

これまでみてきたように、赤ちゃんの「泣き」や、子どもの「ダダ」は、親にとっては非常に負担となっており、親が育児に消耗し、挫折感を味わう主要な原因である。しかし他方で、子どもとしては、自分の欲求を満たして欲しい、あるいは自分を尊重して欲しいという、その時期において切実な思いを親にぶつけているのである。コミュニケーションスキルの未熟な子どもが、言葉にできない気持ちを投げかけることで、「(自分の一部である)お父さん/お母さんであれば、きっと受け入れてくれるはずだ」という、信頼感・安心感を得ようとしているのである。

両親が子どもの発するサインに敏感に反応し、いつも同じように応えてあげることで、子どもは自分の要求が正当であり、自分の意思は親から尊重されているという安心感を得ることができる。こうした感覚は、肯定的な自己意識の確立に必要であり、それが、他人を肯定し、思いやる心を培っていく出発点となる。そのような切実な成長上の必要性に迫られたふるまいに対して、「泣きやまない」「いうことをきかない」「しつけのため」などとして、子どもを拒否したり、子どもへの身体的な攻撃がエスカレートする場合、子どもは、「親に自分の気持ちが受け入れられない」というショックを覚え、パニック状態になる。子どもがそうした経験ばかりを繰り返すことで、「泣くことで安心感が得られる」という親への信頼感や、どのような行為が問題で、それをどのように抑えるべきか、などの基礎的な学習の機会を得ないままで成長することになる。そして、こうした子どもが家庭環境・親子関係に適応する方法には、いくつかの好ましくないパターンがある。

その一つは、問題行動を起こし続け、親からの安定した反応（叱責・暴力）を得ることで、「親から受け入れられない」という心のすきまを埋めようとする方法である。非常に逆説的なことではあるが、親が自分の問題行動に確実に反応することを確認することは、「自分が親をコントロールしている」という心理的安定にもつながるのである。「しつけのため」として激しいせっかんを加えられ、死亡した子どもについて、加害親はしばしば、子どもがふらふらになりながらもなお反抗的な態度をとり続けていたため、「まだ大丈夫だ」と暴力を止められなかったことを証言する。「暴力を避けたい」という気持ちより、「かまって欲しい」「自分を見て欲しい」という切実な思いが勝っていたということであれば、子どもは、死ぬ瞬間まで、親に愛して欲しかったのだろう。そう考えると、とてもやりきれない思いになる。

いま一つの方法は、「行動だけ」親に合わせることを学び、心が伴わないまま実践する方法である。これは、もはや親に自分の欲求を伝えても、伝わるはずがないということを学び、あきらめた状態でもある。子どもは、自分の欲求に従うのでなく、親から得られると予測される反応に従って行動するため、成長に応じた感情が表現できないまま、フラストレーションをくすぶらせ続けることになる。それがやがて、なんらかの機会に、歯止めのきかない怒りとして、外部に噴出されることになるかもしれず、最悪の場合には「親への復讐」としての自殺や重大犯罪へと発展するかもしれない。こうした幼少時からの負のエネルギーの蓄積が、本書のプロローグでも触れた、最近目立つ異常な事件の背景要因の一つであっても不思議ではない。

スキンシップの効用

ところで、これまでみてきた「いうことをきかない子ども」への、効き目は劇的ではないかもしれないが、しかし確実な特効薬は、「スキンシップ」である。子どもに触れれば触れただけ、子どもはかわいらしく、愛しい存在となっていくものだ。そして、幼いころにしっかりとしたスキンシップがとれている子どもほど、適切に感情がコントロールできる、バランスのとれた人格を形成することになる。

脳の下部の最も中心には、延髄《えんずい》と橋《きょう》、中脳《ちゅうのう》と間脳《かんのう》からなる脳幹部《のうかんぶ》がある。ここは、「最も原始的な脳」とも呼ばれる部位であり、心臓の鼓動などの自律神経、呼吸、神経伝達物質やホルモンの放出量の昼夜のサイクルに応じた増減、歩行のリズムなど、ヒトの生命維持の機能を担う、周期的な機能をコントロールしているといわれている。つまり脳幹部は、人間の生存に必要とされる、身体的な「リズム」を統制しているのである。

そして、この脳幹部は、親の胸に抱かれて、一定したリズムの心拍数を聴くことによってよく発達し、ストレスの調節をする神経伝達物質のネットワークの形成を促すということが分かっている。どの文化でも、赤ちゃんが泣くと、子どもを抱き、心拍数とほぼ同じリズムで、揺らしたり、ポンポンとやさしく背中をたたいてあやす。これは、ストレス反応ホルモンなどのホルモンを正常な範囲に戻すこと、つまりは赤ん坊をなだめるためには、心臓の鼓動に近いリズムを与えることが効果的であると、ヒトが本能的に知っているということなのかもしれない。

ところで、脳幹が正常に機能しなければ、ストレスに対するホルモンや感情の反応を調節することが難しくなったり、空腹や睡眠などの、基本的な生活リズムも狂ってしまうという。身体的なリズムが統制されていない子どもは、生活リズムが一定しないため、親にとって育てにくく、非常に手がかかる。また、ストレスをうまくコントロールすることが困難となるために、予測不能なタイミングで怒りを爆発させたり、衝動的な行動をとるようになり、こうした問題行動が成人後も続くリスクが高い。

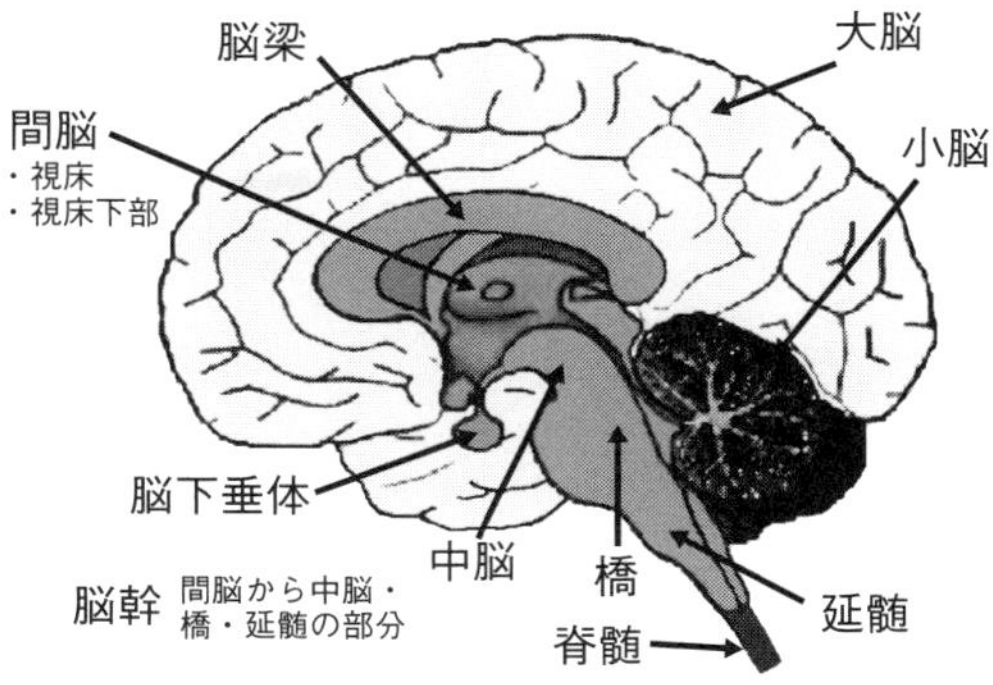

良好なスキンシップによって脳幹に十分な刺激が与えられることは、生後間もないころであればあるほど、脳の発達のために効果的かつ重要であると考えられている。そして、赤ちゃんのころにしっかりと脳に刻まれた生命のリズムは、人との接触が心地良いものだという基礎的な感覚、そして「受け入れられ

ている」という安心感・自己肯定感として、いくつになっても残り続ける。厳格な親から、殴られ、蹴られて育てられたという人であっても、ごく幼いころのこうした記憶があるかないかで、親の行為に対する印象や、自尊感情、社会への信頼感は、まったく違ってくるという。スキンシップは、脳の発達にきわめて重要であるばかりか、「自分の親は、確かに厳しかった。でも、自分を大切に思ってくれていた」という、生涯にわたる親の、そして自己の肯定的なイメージを裏づける、非常に有力な根拠となるのである。

社会が見守る

ところで、本書のはじめに、「子どもは未来からの預かりもの」だと述べた。子どもは、この世に生まれ落ちた瞬間から、親の存在の先にある他者や社会、そして未来へとつながっているのだ。そのため子どもは、幼いころから、さまざまな他者と日常的に触れ合うことによって、「社会的動物」として育つ必要がある。子どもは、家庭と学校その他の施設、地域社会などの異なる環境を行き来しながらこそ、適切な社会性を身につけていくのである。

子どもが虐待によって死亡したという痛ましい報道に接すると、私たちは、本能的にそうした親に憎しみを感じる。そして次に、「周囲の人たちはなにをしていたのか」「近所の人は気づかなかったのか」などの憤りを覚えることが少なくない。子どもは社会の宝物であり、社会が守るべき存在であるという共通意識を、私たちみながもっているからである。そのため、地域の住民をはじめ、親子に直接・間接的にでも関わった大人は、「どうして気づいてやれなかったのか」「なにかしてやれることがあったのではないか」と、激しく後悔し、自分を責めてしまうことになる。

誰でも「子どもが虐待されているのではないか」という疑いをもつことには、強い情緒的なストレスが伴うことが通常である。こうした疑いをもつことは、地域社会における「隣人への信頼感」が揺らぐということであり、生活の基盤が崩れてしまうような、大きな不安を覚えるからであろう。

しかし、最悪の事態が起こってようやく、「周囲の大人が子どもを守るべきであった」と思い至るというのは、とても虚しいことである。ここで私たちは、「子どもに接点をもつすべての人間は、誰でも、その子の将来の可能性を左右する可能性がある」ということを知っておく必要があるだろう。

子どもは、地域社会に見守られながら、安心して成長する権利を有しており、私たちには、それを手助けする義務がある。そのため、「疑うこと」を捨てることは、その家庭において、子どもが必要としている援助が届けられるきっかけを、みすみす断ち切るということである。これは、子どもが危険にさらされているかもしれない状態を、見て見ぬふりをすることであり、結局は私たちが、その子どもをネグレクトしていることと同じことである。

外部にＳＯＳを出すことなく、虐待に追いつめられ、行為をエスカレートさせていく親の多くは、さまざまな理由で、社会に対する根強い不信感をもっているといわれている。そのため、こうした不信感を払拭《ふっしょく》し、社会との絆を結び直させることには、かなりの困難を伴うかもしれない。しかし、だからといって、子どもをとりまく家族の機能をとり戻させることを、私たちはけっしてあきらめてはならない。こうした機能をまず支えるのは、福祉職や保育所、学校関係者、医療者など、子どもと関わりをもつスペシャリストではなく、知人、近所の人、たまたま居合わせた人など、親子をとりまく社会の構成員としての、私たちみなの責任である。

親の子育てをねぎらい、励まし、親子をあたたかく見守り、親子に必要なニーズに対応しながら、緊急事態においては躊躇《ちゅうちょ》せず介入するという姿勢を、私たち一人一人、ひいては社会全体が常にもち続けることが、子どもの虐待を防ぐための第一歩であり、親子の機能を守る砦《とりで》となると信じている。

あとがき

　児童虐待の問題に取り組むことになったのは、ふとしたきっかけからだった。法学部から大学院の法学修士課程に進学した筆者は、二年目に入っても、まだぐずぐずと研究テーマを決めかねていた。そうした折、親が子どもをせっかんによって死亡させた場合、とても刑罰が軽く、執行猶予がつくことも少なくないという新聞記事を、たまたま目にしたのである。「もし他人が子どもを殺したら、懲役十年以上、場合によっては死刑や無期懲役になるのに、どうして親だと執行猶予なの？」そのとき居合わせた、法学部出身ではない友人からの素朴な問いに、答えることができなかった。そこで、軽い気持ちで「ちょっと調べてみる」と答えてしまったことから、以降、「児童虐待」という迷路にはまりこんでしまった。

　その当時、児童虐待防止法は制定されておらず、法律、特に刑事法の領域では、児童虐待という現象に注意が向けられることも、参考にできる文献も、ほとんどなかった。一方で、医学の領域においては、一九六〇年代から児童虐待についての研究が存在し、症例報告や論文も多数存在することを知った。そこで、「児童虐待という問題を本格的に研究するのであれば、医学的な知識は避けて通れないのではないか」と思いいたり、意を決して医学の領域へと飛びこむことにしたのである。なお、数ある医学領域のなかでも法医学を選んだのは、筆者自身がもっぱら「児童せっかん死」、つまり親からの暴行によって死亡した事例について研究しようとしていたことや、法医学が「死者の声なき声に耳を傾け、その権利を擁護する」ことで適正な刑事裁判に助力する医学であることから、いわば必然だったのだ。

医学研究科に入学後、実際に法医解剖に参加してみて、その技術の「美しさ」、とりわけ個別の傷や全体的な身体所見から導かれる合理的な推論過程に、すっかり魅せられてしまった。以来、どんな状態のご遺体を前にしても、決して臆することなく、真摯な気持ちで向き合ってきたつもりだ。

そうした中で、やはり、親の暴力によって命を落とした子どもや、親の自殺に巻きこまれた「無理心中」の被害児、いわゆる「産み落とし」の嬰児の事例など、虐待といえる事例にも何度か接することがあった。そうした貴重な経験の中で、月齢の低い赤ちゃんの脳は想像していた以上にとてももろいということや、逆に、子どもは本来、とてもしなやかで強靭な生命力を有していることなどを、直に知ることができた。しかし、たとえ子どもの致命傷となった傷と、その傷の原因となるような行為が法医学的に特定できたとしても、常にむなしさは残った。それを誰が、どうして、どのような思いで行ったのかということは、解剖のみで明らかにすることはできないからだ。また、これが成人の場合や家庭の外で死亡した子どもの場合であれば、精力的な捜査が行われ、関係者の徹底的な責任追及がなされるはずだ。しかし、児童虐待の場合には、当事者が口をつぐんでしまえば、それ以上の捜査や事実の究明は困難となってしまう。

法医学は本来、「どうすれば人は死ぬのか」を追求する医学であるが、これは「どうすれば人は死なないか」を追求することだという言い方もできるのではないだろうか。そして、このように考えを切り替えることで、どうすれば虐待から子どもを救うことができたか、親や周囲の大人は、何をすべきで、何をすべきでないのかということを、様々な視点から考えてゆくべきだと思いいたった。これが、本書を書くきっかけであり、本書の一章一章にこめた思いである。

誰にでも、いずれ死は訪れる。しかし、とりわけ「虐待による子どもの死」は、一番あってはならない死であり、同時に、必ず防ぐことのできた死だと思えてならない。しかし、そうした悲劇があとを絶たないのが、私たちの社会での、悲しい現実なのだ。

本書を通じて、虐待とは、決してどこか別の世界の特殊な出来事ではなく、子育てに関わる大人であれば誰でも、きっかけさえあれば、陥っても不思議ではない出来事であるということ、そして、子育ては決して他人事ではなく、私たちの人生や社会生活、将来に、大きく関わりをもつということを、知っていただくことができれば幸いである。さらには、もしそのことが、虐待を受けた子どもや、虐待してしまった大人たちに、また、子育てに疲れ、悩んでいる親たちに対して、私たち一人一人にできること、かけるべき言葉を、見つけていくきっかけになったとすれば、これほどうれしいことはない。

本書の企画の段階から最後まで大変お世話になった、教育出版の阪口建吾さん、シーガーデンのみなさん。超ご多忙中にあって、とても素敵な表紙を描いてくださった古夜冬考さん。そして、本書を手にとり、最後までお付き合いいただいた読者のみなさま。本書に関わって下さったすべての方々に、心より感謝を申しあげたい。

二〇一一年八月

南部さおり

南部さおり（なんぶ さおり）
横浜市立大学医学部医学科法医学教室助教・医学博士

〈略歴〉高知県生まれ。2000年、明治大学大学院法学研究科前期博士課程修了（法学修士）。05年、横浜市立大学大学院医学研究科博士課程修了。同学在学中、日本学術振興会特別研究員。05年、横浜市立大学医学部法医学教室助手就任。07年より現職。

〈専門分野〉法医学・刑事法学。法医鑑定と刑事司法の問題を中心に、医学・法学の両面にわたる独自の研究活動を行う。特に児童虐待に関する業績は多数。

〈主な著書〉『文系法医学者のトンデモ事件簿』『代理ミュンヒハウゼン症候群』（いずれもアスキー新書）

企画・編集協力：シーガーデン

児童虐待
—— 親子という絆、親子という鎖 ——

2011年9月13日　第1刷発行

著　者　南部さおり
発行者　小林一光
発行所　教育出版株式会社
〒101-0051 東京都千代田区神田神保町2-10
電話 03-3238-6965　振替 00190-1-107340

組版　シーガーデン
印刷　藤原印刷
製本　上島製本

ISBN978-4-316-80304-3　C0036